Dietmar Schenk

Der Neuzeit-Schamane

Dietmar Schenk

Der Neuzeit Schamane

Neue Wege zu altem Wissen

///////////////////// SILBERSCHNUR /////////////////////

© Copyright Verlag »Die Silberschnur« GmbH

ISBN: 978-3-89845-261-8

1. Auflage 2009

Gestaltung & Satz: XPresentation, Boppard
Druck: Finidr, s.r.o. Cesky Tesin

Verlag »Die Silberschnur« GmbH · Steinstr. 1 · 56593 Güllesheim
www.silberschnur.de · Email: info@silberschnur.de

INHALTSVERZEICHNIS

Geistige Widmung

Dieses Buch widme ich all jenen Leserinnen und Lesern, die erkennen, dass unser Körper nicht alles ist, und die mit diesem Buch ihren Nutzen daraus ziehen. Weiterhin widme ich es allen, die mit mir ein neues Bewusstsein zur Heilung unserer schönen Erde aufbauen möchten. Darüber hinaus widme ich es meiner lieben Familie, an der ich kräftig üben durfte.

Dank

Ich bedanke mich bei allen Seminarleitern, die mir mit der Vermittlung ihrer Fähigkeiten das Wissen gaben, meine eigene Methode zu entwickeln. Vielen Dank an die geistige Welt für die Führung bei dieser Aufgabe. Besten Dank auch an den Silberschnur Verlag für die Möglichkeit, die neue Methode einem großen Interessentenkreis vorzustellen, und nicht zuletzt auch ein herzliches Dankeschön an Sabine Schüller (Verlag Silberschnur) für ihre hervorragende Betreuung in dieser Sache.

Vorwort

Themen auflösen für ein besseres Leben

Guten Tag, liebe Leserin, lieber Leser. Ich fühle mich geehrt, Ihr Interesse geweckt zu haben, das vielleicht darin besteht, eine neue, äußerst wirkungsvolle Heilmethode kennen zu lernen. Möchten Sie damit endlich ein lang gehegtes Gebrechen loswerden? Oder liegt Ihnen mehr daran, einem lieben Menschen zu helfen, das seine aufzulösen? Möglicherweise gibt es auch etwas, das Sie einfach nicht in Ruhe lässt und mit schlechten Gefühlen begleitet, wann immer Sie daran denken. Das passiert einfach zu oft, habe ich Recht? Was es auch ist – finanzielle Schwierigkeiten, Ärger in der Partnerschaft, Stress im Beruf oder die vielen kleinen Nervtöter im täglichen Leben – in diesem Buch nennen wir alles einfach »Thema«. Dazu gehören selbstverständlich auch gesundheitliche Limitationen, die sich aus energetischer Sicht nicht von anderen Problemen unterscheiden, denn alles, was uns das Leben vergällt, entsteht letztendlich aus Blockaden.

Vielleicht haben Sie aber aktuell gar kein Thema? Dann lesen Sie dieses Buch in erster Linie, weil Sie etwas über die alten und neuen Schamanen wissen möchten? Das ist löblich, denn damit werden Sie Mitglied einer rasant wachsenden Gemeinschaft, die sich die ehemals geheimen Lehren zunutze macht, um sich und anderen zu helfen. Die einen vertrauen auf uralte, mehr oder weniger vollständige Überlieferungen der Schamanen aller Kulturen und ihre zahllosen Methoden. Andere schauen bereits über den Tellerrand und wissen, dass es keine wirkliche Trennung gibt, und dass es daher völlig egal ist, welche Methode Anwendung findet, um ein Ziel zu erreichen. In Verbindung mit der geistigen Welt funktioniert einfach alles, das Vertrauen in die geistige Führung vorausgesetzt.

Die einfachste Art von geistiger Führung besteht im Unbehagen, das wir täglich mehrmals in verschiedener Form wahrnehmen. Wenn wir darauf hörten und die vielen Winke mit dem Zaunpfahl beachteten, würden wir kaum krank werden, denn dann befänden wir uns im leichten Fluss des Lebens. Die einfache daraus zu bildende Folgerung ist, dass wir dann mit unserem Lebensplan in Einklang stünden und – gesund wären. Wenn es aber irgendwo ständig piekst, schlechte Gefühle den Tag dominieren, negative Gedanken unseren Intellekt bestimmen, oder wenn wir die Schuld für unerfreuliche Gegebenheiten anderen, dem Zufall oder gar dem Universum zuschreiben, dann sind wir nicht im Einklang mit unserem Selbst. Es wendet sich von uns ab, und wir fühlen uns allein.

Haben Sie das nicht schon einmal erfahren?

Wenn wir uns schlecht fühlen und mies drauf sind und Groll gegen alles und jeden hegen, dann liegt das Gefühl vom Verlassensein über uns wie ein schwerer nasser Sack, wir fühlen uns allein wie auf einem unbewohnten Planeten, und Trostlosigkeit ist unser einziger Partner.

Das Gegenteil ist: Wir sind in unserem Element, am sonnigen Strand von Malibu. An uns geschmiegt: der Partner unserer Träume. Mit ihm genießen wir die herrliche Landschaft, Sonne, Wind und Meer. Jetzt sind wir im Einklang, nicht nur mit unserem inneren Wesen, sondern mit der gesamten Schöpfung.

Natürlich kann es sich nicht jeder leisten, solch herrliche Stunden ständig und ungestört für den Rest seines Lebens zu genießen. Um aber den Zustand der Glückseligkeit auch ohne die äußeren Umstände willkommen zu heißen, gibt es ein einfaches Mittel: Akzeptanz. Akzeptanz von allem und das Vertrauen in die geistige Führung führen recht schnell zur Besserung der schmerzlichen Lebensumstände. Das drückt sich bereits darin aus, dass wir nur essen, wenn unser Körper es verlangt – und vor allem, WAS er verlangt. Das Gegenteil davon wäre Frustfressen, wie zum Beispiel die Sucht nach Schokolade, um alle möglichen Probleme zu übertünchen. Ein ständiges Zunehmen von Gewicht, eine Speckschicht um uns herum zeigt an, dass wir uns »ein dickes Fell« aufbauen, mit dem wir uns vor etwas abschirmen möchten. Im Einklang mit unserem inneren Selbst werden wir aber auch schlafen, wenn wir müde sind und aufstehen, wenn wir genug geruht haben. Sind diese elementaren Grundbedürfnisse im Lot, werden erste, die miesen Lebensumstände verursachenden Blockaden bereits gelöst.

Natürlich ist es leicht, solche guten Ansätze jemandem zu predigen, der vom Takt seines DERZEITIGEN Lebens daran gehindert wird. Vor allem der ungeliebte Job mit Schichtarbeit, ständigem Reisen, Überstunden und darüber hinaus auch noch Verpflichtungen in der Freizeit machen es uns nicht leicht, das Leben einfach mal so umzustellen. Wenn aber die Schicht, das Reisen und die persönlichen Pflichten zur Last werden oder – schlimmer – noch nie gemocht wurden, dann sind wir einfach nicht im Einklang mit unserem Lebensplan. Wir tun nicht das, weshalb wir auf der Erde sind und leben, grob gesagt, umsonst. Es ist in etwa so, als wenn wir einen chinesischen Sprachkurs buchen und den richtigen Ausbildungsraum nicht finden. Stattdessen gesellen wir uns zu einer Kochgruppe. Wir lernen zwar etwas, ohne Zweifel, aber wir werden nicht in der Lage sein, ein halbes Jahr in einer abgelegenen chinesischen Provinz zu verbringen. Dadurch gehen uns weitere gewünschte Erfahrungen durch die Lappen. Wie wir später noch sehen werden, sind die Erziehung und das Umfeld, in dem wir uns seit unserer Geburt bewegen, maßgeblich an dieser ungewollten Entwicklung beteiligt.

Die in diesem Buch vorgestellte Heilmethode zeigt Lösungen auf. Es werden Werkzeuge an die Hand gegeben, mit denen nicht nur die schmerzlichen Probleme behoben werden können, sondern auch die damit verbundenen Verursacher. Und das ist sehr wichtig, denn solange die Überspannung im Stromnetz nicht gefunden wird, werden die Sicherungen immer wieder durchbrennen, egal wie oft wir sie erneuern. Ein nicht gesunden wollender Patient wird in so einem Fall von der Schulmedizin vorschnell als »austherapiert« und »unheilbar krank« bezeichnet.

Sind diese Blockaden aber erst einmal gelöst und ist die Überspannung gefunden und unschädlich gemacht, entsteht nicht nur das Gefühl der Erleichterung, was oft sogar sofort eintritt. Es wird auch eine gewisse Lust entstehen, etwas anderes im Leben anzupacken. Eine Sehnsucht stellt sich ein. Worin gipfelt *Ihr* Verlangen? Was offenbart sich Ihnen? Wir werden es gemeinsam finden, denn das, was da auf Sie zukommt und sich gut anfühlt und wobei Sie sagen: »Hey, das wollte ich ja schon immer mal tun«, sollten Sie nicht einfach vorüberziehen lassen. Geistiges Heilen bedeutet, Blockaden zu lösen und den Weg frei zu machen für die geistige Führung. Und geistige Führung wiederum heißt, dass uns Gelegenheiten in Verbindung mit einem wirklich guten Gefühl geboten werden, die uns in die richtige Richtung lenken. Die Tür zum Kochkurs ist damit zwar nicht verschlossen. Aber nun hängt dort ein Schild: »Der Chinesischkurs fin-det heute in Raum 1.06 im ersten Stock statt. Dazu gehen Sie einfach hinten im Gang die Treppe hoch, und Sie stoßen genau drauf.« Aber die Treppe müssen wir selbst hochsteigen. Klar, oder?

Wenn Sie erst gar nicht wissen, zu welchem Kurs Sie sich anmelden sollen - nehme ich den Kochkurs, die Chinesischlektion, oder wäre es vielleicht ratsam, das PC-Seminar zu belegen? - dann bitten Sie um Führung. Sie wird Ihnen gegeben werden.

Dieses Buch wird Sie lehren, sowohl mit der geistigen Führung zusammenzuarbeiten und Ihr zu vertrauen als auch die vielfältigen Möglichkeiten der Zusammenarbeit zu erkennen und zu nutzen, um für sich und andere ein leichteres, angenehmeres und sinnvolleres Leben anzustoßen.

Zusammen mit der geistigen Führung werden Sie nach meiner neu entwickelten Methode auf sehr effektive Weise Blockaden für jedes Problem aufdecken, die dazugehörig negativen Glaubenssätze aus der Reserve locken und beides restlos und nachhaltig ausmerzen.

Damit den Geschlechtern Genüge getan wird, ohne ständig weibliche und männliche Form (z. B. Schamanen / Schamaninnen) nennen zu müssen, habe ich mal die eine, mal die andere gewählt und hoffe, dass alle damit zufrieden sind.

Viel Spaß beim Lernen und Ausprobieren

Dietmar Schenk

Kapitel I

Aller Anfang ist ... leicht

Wenn ich davon spreche, dass die geistige Welt mich auf eine neue, sehr effektive Behandlungsmethode gestoßen hat, dann hört sich das für manche so an, als ob ich eine Standleitung »nach oben« hätte, so wie Moses und andere biblische Größen, die ständig mit Gott sprachen.

Dem ist nicht so!

Da es sich außerdem so anhören mag, als sei ich ein Auserwählter – was ebenfalls nicht stimmt – spreche ich hier erst einmal von einer »Idee«. Die Überschrift »Aller Anfang ist ... leicht« trifft aber in gewisser Weise den Kern. Man könnte diese Durchgabe der geistigen Welt auch als Blitzidee bezeichnen.

Die Art, wie die (Blitz)-Idee für eine Fernbehandlungsmethode ins Leben gerufen wurde, ist den Errungenschaften aus anderen Jahrhunderten nicht unähnlich. Aber Geistheiler und Neo-Schamanen bedienen sich eben gerne der Ausdrucksweise, dass ihnen neue Ideen und Erkenntnisse durch die geistige Welt vermittelt werden und stellen damit klar, dass sie an keine Zufälle glauben. Mehr noch: Sie bezweifeln, dass Einfälle anders als durch die geistige Welt in unser Bewusstsein geraten könnten. Physiker, Chemiker, Biologen, (Schul)-Mediziner, selbst Astrologen bezeichnen den gleichen Vorgang als Einfall, Idee oder Erkenntnisgewinnung. Ein Unterschied besteht allenfalls in der Thematik, in deren Zusammenhang die Idee auftaucht.

Im März 2008 kam mir also »plötzlich« die Idee, eine eigene Behandlungsmethode zu entwickeln. Immerhin hatte ich viel bei verschiedenen Ausbildern gelernt, und da es ebenso viele Behandlungsvarianten gibt wie Anwender, fragte ich mich: Warum soll nicht noch eine hinzukommen? Jede(r) arbeitet sowieso mit dem Werkzeug, das ihr oder ihm am meisten liegt. Ich erinnerte mich daran, wie ich bei einem Weiterbildungsseminar alte Bekannte traf und feststellte, dass nicht zwei von denen, die alle die gleiche Methode gelernt hatten, diese auch in identischer Weise anwendeten. Eineiige Handschriften gibt es ja genauso wenig. Darüber hinaus war für die neue Kreation ausschlaggebend, dass viele meinen, die geistige Welt sei kompliziert, was darin gipfelt, dass auch eine angewendete Methode kompliziert sein muss. Einfache Handhabungen können nicht wirklich helfen! Wirklich nicht?

Mein Entschluss, etwas Eigenes zu machen, brachte mehr hervor als nur eine neue Behandlungsvariante. Vielmehr kristallisierte sich eine vollkommen neue Heilmethode heraus, die sich in gravierender Weise von anderen abhebt. Sie ist einfach, geradlinig und effektiv, ohne Schnörkel und Firlefanz und bedient sich nur weniger, aber wichtiger Rituale und Handgriffe. Wem das zu sehr nach Eigenlob stinkt, der möge bedenken, dass – wie oben erwähnt – Idee und Ausführung von der geistigen Welt kamen und ihr alles Lob dafür gebührt.

Was macht bei der neuen Methode die Einfachheit aus? Bei allen Geistheiler-Seminaren, die ich in den letzten zwölf Jahren belegt habe, erlernte ich das Prüfen des menschlichen Energiekörpers, um darin Unregelmäßigkeiten oder gar Stillstand (Blockaden) aufzuspüren. Wenn ein Mensch leidet, dann nur aus dem Grund, weil er sich irgendwo mit Blockaden schmückt. Diese Energieverstopfungen können die Aura bevölkern wie Knöpfe einen Mantel. Sie können sich aber auch in Chakren einnisten, sie am Drehen hindern, vollkommen verdichten oder gar zum echten »Ventilator« machen. Letzteres ist genauso schlecht wie eine Blockade, weil sie damit Energie buchstäblich nach draußen föhnen. Letztendlich führen

Blockaden auch noch zum Erlahmen von Meridianen. Der Vielfältigkeit von Störungen sind also keine Grenzen gesetzt.

Nun genießen die Energieseher unter uns Vorteile beim Herausfinden, wo der Hase im Pfeffer liegt, denn sie können Chakren- und Aurafarben erkennen, die sehr aufschlussreich sind. Da ich aber mit Farben so meine Schwierigkeiten habe, bin ich auf andere Sensoren, nämlich Hände zum Fühlen oder Tensor und Pendel zum visuellen Erkennen, angewiesen. Es ist also nicht immer einfach, eine Blockade im Energiefeld eines Menschen aufzuspüren.

Viel effektiver wäre es, beim Messen nur die Blockaden zu sehen oder zu spüren, und die Frage an mich selbst lautete: Warum soll das nicht möglich sein? Dann bräuchte ich doch nicht aus einer Vielzahl an Energien die guten von den schlechten zu trennen wie die Spreu vom Weizen. Und weiter: Wenn das wirklich funktioniert, kann ich mich damit auch selbst behandeln? Bei anderen Methoden, die ich gelernt habe, klappt das nämlich nicht! Mein Forscherdrang war geweckt. Als Erstes baute ich mir aus sieben Steinen, die meine Chakren repräsentieren sollten, meinen Energiekörper nach. Notdürftig, aber immerhin hatten die steinernen Chakren die Farben, die weit verbreitet mit diesen Energiewirbeln in Verbindung gebracht werden. So legte ich von links nach rechts eine Reihe von Steinen in den Farben Rot, Orange, Gelb, Grün, Blau, Violett und Weiß auf.

> *INFO: Da Sie in diesem Buch animiert werden, Ihre eigene Methode zu entwickeln, soll ein dazu nötiger Dialog wie der nachfolgende nicht abschreckend wirken. Es ist keinesfalls wichtig, die Stimmen der geistigen Gesprächspartner zu hören. Viele Hilfsmittel wie Pendel und Ruten, die nur mit Ja und Nein antworten, reichen vollkommen aus, erfordern aber auch ein wenig mehr Geduld, weil schlicht mehr gefragt werden muss.*

Die Steine lagen also vor mir, und ich fragte die geistige Welt:

Dietmar: Liebe geistige Welt, ist es mir erlaubt, an diesen
Steinen meine Arthrose zu behandeln?
Geistige Welt: Ja!
D: Helft ihr mir dabei?
GW: Ja!

Ich bat mein eigenes Ich, auf der Decke Platz zu nehmen, auf der die Steine lagen: »Liebe Seele, lieber Geist und lieber Körper von Dietmar. Bitte nehmt auf dieser Decke Platz.« (Dieses Einlad-Ritual behandeln wir weiter hinten noch genauer.) Und schon war ich da. Es war eindeutig an einem matten Flimmern zu erkennen, und ich konnte meine Energie mit den Händen erfühlen. Natürlich lag nicht mein physischer Körper wie ein Zwilling vor mir, sondern es war meine geistige Entsprechung, eben meine Seele, mein Geist, und ein feinstofflicher Körper, der die Blockaden trägt.

Ich fuhr mit dem Frage-Antwort-Spiel fort.

D: Liebe geistige Welt, bitte zeigt mir das Chakra, welches die
Arthrose verursachenden Blockaden innehat.

Dann maß ich mit dem Tensor alle Chakren durch und stellte fest: Es ist nicht nur eines, es sind deren drei. In anderen schamanischen Seminaren wurde aber immer nur EIN Chakra behandelt. Interessiert fragte ich weiter:

D: Bitte zeigt mir nun die Blockaden in diesen Chakren an, die
für meine Arthrose verantwortlich sind.

Tatsächlich wies der Tensor bei jedem Chakra einige miteinander verwobene Schwingungen auf. Ich wollte mehr wissen und fragte:

D: *Ist jedes Chakra mit seiner Blockade für sich allein aktiv, oder arbeiten sie auch untereinander Hand in Hand an meiner Arthrose.*

GW: *Die Chakren arbeiten auch zusammen.*

D: *Soll ich die betroffenen Chakren nun von links nach rechts nacheinander behandeln?*

GW: *Ja. Das wäre gut.*

D: *Und zum Schluss noch mal alle zusammen, um die schädliche Interaktion aufzulösen?*

GW: *Genau so ist es.*

D: *Reicht es aus, die Chakren ein einziges Mal zu behandeln, bis die Blockaden gelöst sind?*

GW: *Nein, das wird nicht reichen. Du hast die Blockaden ja auch nicht in ein paar Minuten aufgebaut, sondern mitunter monatelang daran gearbeitet.*

Das machte Sinn. Was ich nicht so ganz verstand war, dass auch das Kronenchakra Blockaden anzeigte. Bei manchen Methoden wird dieses Chakra überhaupt nicht behandelt, und wenn ich andere Behandlungsarten anwende, ist es sehr, sehr selten, dass hier Blockaden sitzen. Da das Kronenchakra wie eine Antenne die unipolare Strahlung auffängt und in unseren Körper leitet, konnte ich mir die Blockaden hier nur so erklären, dass es sich um einen spirituellen Grund handelte. Vielleicht aus einem vergangenen Leben? Für mich mussten diese Blockaden aus der geistigen Welt kommen. Also fragte ich:

D: *Hat die Blockade im 7. Chakra einen spirituellen Grund?*

GW: *Nein.*

Hm, nicht? Ich war ratlos. Was sollte es sonst sein? Das Kronenchakra bedient keine Körperfunktionen und ist nur dem Geistigen verhaftet. – Und dann machte es »klick«.

D: *Sitzen im 7. Chakra vielleicht die falschen Glaubenssätze fest?*

GW: *Super! Aber nicht nur die falschen, auch die richtigen.*

D: *Und welcher Glaubenssatz ist es bei mir, der eine Arthrose verursacht?*

GW: *Du erwartest nun nicht wirklich eine Antwort, oder?*

D: *Ich weiß. Nur was ich mir selbst erarbeite, das sitzt.*

GW: *Genau. Also?*

D: *Hat es was mit meinem Beruf zu tun?*

GW: *Kalt.*

D: *Mit Liebe?*

GW: *Nicht das Geringste.*

D: *Mit Geld?*

GW: *So ist es.*

D: *Pflege ich den Glaubenssatz schon seit meiner Kindheit, oder habe ich ihn mir im Laufe meines Lebens erarbeitet?*

GW: *Letzteres ist der Fall.*

Und so ging die Fragerei weiter, bis ich mir den Glaubenssatz erarbeitet hatte, der meine Arthrose mit begünstigt. Ich will an dieser Stelle nicht vor einem breiten Publikum die Hose runterlassen und sage nur so viel: Probleme mit den Gelenken haben immer etwas mit Entscheidungen zu tun. Welchen Weg soll ich gehen? Soll ich dies oder das tun? Und wenn ich mich nicht für das Beste entscheiden kann, dann geht das buchstäblich auf die Knochen. Ich entfernte also den Glaubenssatz binnen Minuten. Mit manchen anderen Methoden braucht man dafür Wochen. Es ist aber auch hilfreich, die Erkenntnis dann ins Leben zu integrieren, damit die Probleme nicht wieder auftauchen. Sollte Ihnen der Wortlaut des gelöschten Glaubenssatzes mal vorenthalten bleiben - keine Bange. Aus meiner Erfahrung heraus kann ich sagen, dass ein behandelter Glaubenssatz nach ca. drei Wochen vollkommen verschwunden ist. Wir spüren, ohne uns mühsam ein positives Bild eingeprägt zu haben, wie das schlechte Gefühl in gewissen Situationen ausbleibt und uns die Chance gibt, anders als gewohnt zu reagieren. Wie der durch die entfernte Blockade entstandene »freie Platz« mit guter Energie gefüllt werden kann, zeige ich weiter hinten, denn das bringt weitere Vorteile.

Glaubenssatz hin, Glaubenssatz her. Ich wollte wissen, was sich noch so alles im 7. Chakra versteckt, und fragte weiter.

> D: *Sind Blockaden im 7. Chakra immer nur Glaubenssätze,*
> *oder können es auch andere Blockaden sein?*
> GW: *Nur? Leidet ihr nicht genug an falschen Gewohnheiten?*
> D: *Das schon. Ich meinte ja damit auch, ob nach meiner*
> *Behandlungsmethode alle Blockaden im Kronenchakra als*
> *Glaubenssätze eingestuft werden müssen.*
> GW: *Das stimmt.*
> D: *Und wenn ich die Blockade, also den Glaubenssatz, löse,*
> *verschwindet er dann für immer?*
> GW: *Ja. So einfach ist das. Bis du ihn dir wieder aufbaust.*
> D: *Verschwindet er auch dann, wenn ich nicht weiß, was*
> *dahintersteckte?*
> GW: *Es ist immer gut, wenn ihr euch eure falschen Gedanken*
> *bewusst macht. Aber ansonsten: Ja!*

Nun war ich zufrieden und hatte das Gefühl, alles über das Kronenchakra zu wissen, was ich wissen wollte. Es beinhaltet die falschen Glaubenssätze, und sie können hier einfach und bequem ausgemerzt werden.

Weiter oben erzähle ich, dass eine Behandlung meist nicht reicht, um ein Thema zu entfernen. Der wichtigste Grund dafür ist, dass uns die geistige Welt immer nur so viel zeigt, wie in einer Behandlung entfernt werden darf. Mehr würde uns überlasten. Das gilt natürlich auch für die Glaubenssätze. Wer also ob der gegebenen Möglichkeiten der Euphorie verfallen und auf einen Schlag »clean« werden möchte, der sollte wissen, dass es mehrere Hundert Glaubenssätze sein können - und bei den meisten auch sind.

Es werden immer nur die Glaubenssätze angezeigt, die mit einem zu behandelnden Problem in Verbindung stehen. Aus diesem Grund wird die Bitte: »Liebe geistige Welt, zeigt mir doch alle meine falschen Glaubenssätze an, damit ich sie vernichten kann« ungehört im Raum verhallen. Das wäre zwar super, und ein göttliches Leben stünde uns bevor. Aber erstens können leicht 300 von diesen Blockaden auftreten, und diese zu entfernen dauert Tage, wenn nicht Wochen. Ein mühsames Unterfangen, selbst wenn diese Methode wesentlich schneller und vor allem komfortabler arbeitet als andere. Zweitens stehen die falschen Glaubenssätze immer in Verbindung mit Blockaden in anderen Chakren, die mit entfernt werden müssen, um nachhaltigen Erfolg zu erzielen. Darüber hinaus würde sich unser Leben durch das plötzliche Eliminieren aller Blockaden so drastisch ändern, dass es uns umhauen könnte. Immerhin tritt oft erst mal eine Verschlimmerung der Situation ein.

Zurück zu meinem Thema.
Auch das 5. Chakra enthielt Blockaden. Damit hatte ich schon vorher gerechnet, denn dieser Energiewirbel ist ein Chakra der Entscheidungen. Wird seine frei fließende Energie ausgemessen, dreht es sowohl rechts herum als auch links herum. Obwohl ich mir also schon denken konnte, weshalb das Halschakra an der Arthrose beteiligt ist, fragte ich nach:

>D: *Liebe geistige Welt, das 5. Chakra ist an meiner Arthrose*
>   *beteiligt. Geht es dabei um Entscheidungen?*
>GW: *Ja!*

Ich gebe hier nun ein Beispiel, wie das Frage-Antwort-Spiel aussehen könnte:

>D: *Geht es um Entscheidungen im Beruf?*
>GW: *Auch das stimmt.*
>   D: *Geht es um meinen Arbeitsplatz?*
>GW: *Du sagst es.*

> D: *Ist das Problem in Erlebnissen aus der Kindheit begründet?*
> GW: *Was du alles weißt! Beachtlich!*
> D: *Die Probleme im Büro wurzeln also in Erfahrungen aus Kindheitstagen?*
> GW: *Als ob wir das nicht gerade gesagt hätten.*
> D: *Wenn ich die Blockaden nun löse, werde ich dann entlassen, damit die Probleme aufhören?*
> GW: *Nun, so strikt arbeiten wir nicht. Aber du bekommst Gelegenheiten, dir selbst einen neuen Weg zu bereiten.*

Das ist eine sehr wichtige Aussage der geistigen Welt. Blockaden entstehen oft schon durch Prägungen in der Kindheit, durch das Umfeld in der Familie, der Verwandtschaft, unter Freunden und in der Schule. Das Problem im Job, der keinen Spaß macht, der Ärger in der Ehe oder mit anderen Menschen, aus dem es keinen Ausweg zu geben scheint, die finanziellen Verluste, die immer wieder das Leben vergällen. All das sitzt tief in uns drin, und zahllose Bücher über positives Denken oder das Erschaffen der eigenen Realität versuchen seit Jahrzehnten, einen Ausweg aus dem Laufrad zu liefern. Wenn diese gut gemeinten Ansätze aber nicht fähig sind, gleichzeitig und im Vorfeld auch die dazugehörigen Blockaden zu lösen, werden die Übungen ein nutzloser Zeitvertreib bleiben. Hier und jetzt können aber endlich gezielt Blockaden ausfindig gemacht werden, die gewisse Probleme verursachen. Sind die Blockaden weg, verschwinden auch die Probleme, ohne weitere zeitraubende Übungen.

Wer aber nun befürchtet, dass er durch Lösen der Blockaden den Job verliert, ängstigt sich umsonst. Das Auflösen von Blockaden löst zwar Probleme, aber das Problem ist oft nicht der Job, sondern das Umfeld (Kollegen, Kunden, Management) und wie wir es bewerten. Entweder ergeben sich also Gelegenheiten, die eigene Einstellung zu überdenken und auf diese Weise das Problem zu lösen, oder die gelöste Blockade bzw. die dadurch frei werdende positive Energie schafft Gelegenheiten zu einem Neuanfang. Niemand wird ins kalte Wasser geworfen. Anderseits kann es leicht passieren, dass die Situation sich nach der Behandlung kurzfristig verschlimmert, um uns einen Anreiz zu geben, sie aufzugeben. Zum Thema »Job« wäre das die Kündigung durch uns selbst.

Als drittes blockiertes Energierad präsentierte sich mir das Sakralchakra. Dieses ist für den Aufbau und die Pflege von Knochen, Sehnen, Knorpel und Bändern zuständig und hat selbstverständlich seine Daseinsberechtigung, wenn es darum geht, eine Arthrose zu erschaffen und zu unterhalten.

Das war aber noch nicht alles, denn was ist, wenn alle drei Chakren auch noch in der Kommunikation untereinander Blockaden pflegen, damit die Arthrose richtig blühen kann? Ich fragte nach:

> D: *Liebe geistige Welt, haben die drei gezeigten Chakren nur für sich allein Blockaden, oder sind auch die Gesprächskanäle verstopft?*
> GW: *Euer Energiefeld arbeitet komplizierter, als du denkst.*
> D: *Na wunderbar. Vor mir liegen drei Chakren, die nicht miteinander können. Wie soll ich die mit meinen beiden Händen gleichzeitig behandeln?*
> GW: *Was für ein Glück, dass du Steine als Repräsentanten gewählt hast. So lege sie doch einfach auf einem Haufen zusammen, und halte deine Hände darüber.*

Ich hätte mir vor die Stirn schlagen können. Stattdessen schob ich die drei Steine zusammen und sagte:

> D: *So?*
> GW: *Ja.*

Ich wählte eine zweite Kombination, so dass die Steine nun anders lagen als vorher und fragte:

   D: *Oder so etwa?*

GW: *Nein.*

Tim: *Ist es nicht egal, wie die Steine liegen?*

GW: *So wie sie zuerst lagen, ist es richtig.*

   D: *Woher weiß ich, wie es richtig ist?*

GW: *Du machst es automatisch beim ersten Mal richtig.*

   D: *Immer?*

GW: *Nerv nicht.*

Also immer. Und so bin ich auf die neue Methode gekommen, die weiter hinten im Buch erklärt wird. Ich wünsche viel Spaß dabei, sie zu erlernen, sich und andere zu behandeln und mit der Methode zu experimentieren. Seien Sie kreativ. Nichts ist festgelegt, alles funktioniert, solange einige wenige Regeln beachtet werden. Aber lesen Sie doch einfach weiter, dann erfahren Sie, was ich meine.

Kapitel II

Warum diese Technik bei jedem funktioniert

Spätestens seit der Physiker Isaac Newton (1643 – 1727) seine Gesetze zur Mechanik und der Bewegung veröffentlichte, denken die Menschen in Begrenzungen und sehen jedes Teil und jedes Lebewesen als Individuum an. Ich bin ich, du bist du, und das ist jenes. Diese Unterscheidungen und Ausgrenzungen führen leicht zu der Meinung, dass alles voneinander getrennt ist und völlig alleine existiert.

Bei genauerer Betrachtung setzen jedoch Überlegungen ein, die diese Welt der Individuen zum Einstürzen bringen. Schauen wir uns nur einmal in der Pflanzen- oder Tierwelt um, so wird uns schnell klar, dass es keine klaren Abgrenzungen gibt. Was gehört noch zum Baum, und was ist schon Teil der Mistel oder des Schwamms, die daran wachsen?

Noch kurioser präsentiert sich uns die Tierwelt. Sehr eindrucksvoll stellt sich uns zum Beispiel der Termitenhügel dar, nicht nur das Bauwerk selbst, sondern erst recht die Technik, mit der er erbaut wurde. Aus Sicht einer einzelnen Termite, ist dieser Bau geradezu monströs und unüberblickbar. Die Tiere fangen von unterschiedlichen Seiten an zu bauen und treffen sich erst später in der Mitte, gerade so wie zwei Bohrgruppen, die sich zum Tunnelbau in den Berg hineinfräsen und an der errechneten Stelle punktgenau treffen. Hier wie da passt alles perfekt zusammen. Der Termitenbau ist sogar um einiges raffinierter als ein popeliger ICE-Tunnel. So ist er zum Beispiel mit Lüftungsschächten ausgestattet, die ein für die Tiere angenehmes Klima schaffen. Wir intelligenten Menschen können solche Präzision nur mit modernster Technik leisten. Dabei ist die Intelligenz einer einzelnen Termite auf nur wenige Überlebensinstinkte beschränkt, und selbst die Summe der einzelnen Intelligenzen wäre nicht imstande, solch großartige Bauwerke zu errichten. Was ist es also, das diese Leistungen vollbringt?

Licht ins Dunkel brachte der südafrikanische Forscher Eugène Marais. Er beschäftigte sich mit Experimenten an diesen Insekten und fand heraus, dass alles durch die Königin gesteuert wird. Der Tod der Königin bringt einen Hügelbau unumgänglich zum Erliegen, und aus dem Staat wird im wahrsten Sinne des Wortes ein »kopfloses« Volk, das planlos umherirrt, bis eine neue Königin den freien Platz ausfüllt. Betrachten wir dieses Volk als nur ein Tier, dann findet der Begriff »Gruppenwesen« oder »Meta-Individuum« Anwendung. Diese Sichtweise wird inzwischen von einigen Biologen vertreten.

Könnte das Denkmodell auch auf uns Menschen zutreffen? Nun, hier auf der Erde sind wir mitten drin im Geschehen. Das begrenzt unseren Blickwinkel. Wenn wir spazieren gehen, sehen wir Menschen, die in die andere Richtung laufen. Im Supermarkt treffen wir auf Fremde, die ihre Wagen anders füllen, als wir es tun. Wir sehen was die macht, was der tut, und billigen das oder verabscheuen es. Fehlt uns also nur der richtige Überblick, um eine andere Denkweise anzunehmen?

Lassen Sie uns doch einmal ein Raumschiff besteigen. Wir verlassen die Erdatmosphäre, und während wir eine Raumstation 36 km über der Erde passieren, schauen wir zurück und betrachten unseren herrlichen blauen Planeten. Von hier oben sind keine Individuen auszumachen. Wir sehen nur Mutter Erde und erkennen die Folgen unseres gedankenlosen Umgangs mit ihr. Von dieser Höhe aus sehen wir deutlich ihre grüne Lunge und die Polkappen schwinden. Dabei beruht alles Leben, auch das der

Menschen, auf einem komplexen Zusammenspiel ALLER Lebewesen mit ihrer Umwelt – dem Wasser, der Luft, den Gesteinen und Böden ... Der Zustand des Planeten ist keineswegs auf die Handlungen von einzelnen zurückzuführen, sondern auf die Menschheit als EIN WESEN. Auch wenn es viele gibt, die der Erde Respekt entgegenbringen, so ist die Gesamtenergie unseres Denkens derzeit noch auf Ausbeutung und Zerstörung ausgerichtet.

Wir entfernen uns weiter von der Erde und durchstreifen das Planetensystem. Wir erkennen Vater Sonne, wie er seine Energie verteilt. Sie vermischt sich mit der von Mutter Erde und auch mit der Wärme, die wir selbst abstrahlen. Betrachten wir dieses Feld mit einer Wärmebildkamera, dann gibt es keine Trennung zwischen uns und Vater Sonne. Die nativen Amerikaner, auch Indianer genannt, glaubten und glauben, dass ihr Gott Wakan Tanka in der Sonne sitzt und den Menschen seine Wärme spendet. Darum wird der Sonnentanz auch nur im Hochsommer ausgeführt, wenn es am wärmsten ist und Wakan Tanka den Menschen am nächsten. Zieht Vater Sonne seine wärmenden Strahlen zurück, erlischt alles Leben auf der Erde binnen Stunden.

Fliegen wir noch weiter, verschwinden Vater Sonne, Mutter Erde und das ganze Planetensystem in der Milchstraße, die auch wieder nur eine von Milliarden Galaxien ist und im unendlichen Raum wie eine einzelne Zelle wirkt. In diesem unendlichen Raum ist die Menschheit eine verschwindend geringe Größe. Aber auch wenn viel Raum – Leere – zwischen den Materieansammlungen besteht, bewirkt eine unsichtbare Kraft den Zusammenhalt. Wir Menschen sind Teil dieses Kraftfeldes.

Glauben Sie immer noch an eine Trennung? Dann schauen wir mal in die andere Richtung, denn so weit müssen wir uns gar nicht entfernen, um zu verstehen, dass wir keine isolierten Einzelwesen sind.

Wir besitzen nicht nur unseren physischen Körper, dem wir letztendlich die Individualisierung verdanken. Jede Existenz, selbst die von »toten« Steinen, ist auch von einem Energiekörper umgeben, der weit in den Raum hineinreicht. Beim Menschen ist mitunter von 250 Metern, ja selbst von mehreren Kilometern die Rede. Nähert sich uns ein Mensch bis an den Rand unserer Ausstrahlung, dann berühren sich die Auren. Gehen diese beiden weiter aufeinander zu, entsteht bereits eine Schnittmenge wie beim Verschmelzen zweier Lichtkegel. Verringert sich der Abstand weiter auf 2 Meter und weniger bis hin zum körperlichen Kontakt, verschmelzen auch die emotionalen Körper und die unmittelbaren Energiefelder beider. Eine klare Trennung ist dann – zumindest auf energetischer Ebene – nicht mehr möglich. Zum besseren Verständnis schauen wir uns einmal die Ebenen eines Körpers an:

Unsere Aura besteht aus folgenden Schichten (von innen nach außen betrachtet):

Der physische Körper ist das, was wir mit unseren Augen erkennen. Er bildet quasi den Kern. Allerdings, so werden wir später noch sehen, befinden sich weitere »Individuen« in diesem Körper, die wiederum einen eigenen Körper und eine Seele haben, zum Beispiel die Organe. Spinnen wir das weiter, kommen wir zu den Zellen, die ebenfalls Körper, Geist und Seele besitzen. Diese Zellen legen bereits ein quantenähnliches Verhalten an den Tag, und sie verwandeln Materie in Energie und umgekehrt.

Der ätherische Körper überlagert den physischen Körper in einem Abstand von ca. 10 cm. Er wird oft als ein Netz aus leuchtenden bis grauen Energielinien beschrieben, die sich über den Körper ziehen, ihn mit Energie versorgen und die Körperform erhalten.

Der emotionale Körper verändert seine Größe mit dem emotionalen Zustand, den wir gerade erleben. Sind wir traurig, niedergeschlagen, dann liegt er an wie ein nasses Hemd. Sind wir aber glücklich und zufrieden, kann er bis zu zwei Meter in den Raum ragen. Versuche haben gezeigt, dass die emotionalen Körper sich gegenseitig beeinflussen können. So zieht eine umwerfende Stimmung auf einer Party fast jeden in ihren Bann. Als im Zuge eines Versuchs eine sehr mies gelaunte Person dort eingeschmuggelt wurde, verebbte die Stimmung, und die Party löste sich alsbald auf.

Der Astralkörper. Dieser kann vom fleischlichen Körper gelöst werden, indem erweiterte Bewusstseinszustände herbeigeführt werden. Auf diese Weise sind Reisen in andere Welten möglich.

Der Mentalkörper ist der Träger unserer Bewusstheit. Klare Gedanken und ein tiefes Erleben aller Erfahrungen und Erkenntnisse werden mit einem klaren, intensiv strahlenden Mentalkörper belohnt.

Der Kausalkörper wird auch spiritueller Körper genannt. Dieser Energiekörper hat die höchste Schwingungsfrequenz von allen. Seine Ausdehnung ist abhängig vom spirituellen Bewusstsein des Trägers. Bei wenig spirituellen Menschen strahlt er nicht mehr als einen Meter um den physischen Leib herum. Doch kann er bei vollkommen erwachten Menschen mehrere Kilometer weit strahlen. Diese Ausdehnung wurde oben schon erwähnt.

Jeder dieser sechs Körper hat seine eigene Schwingungsfrequenz. Daraus ergibt sich der Bezug zum Schöpfungsmodell.

DAS SCHÖPFUNGSMODELL

Den Ursprung allen Seins bildet eine theoretisch unendlich schnelle Schwingung. Im Universum dieser unendlich schnellen Schwingung existieren Gott und das kosmische Bewusstsein. Auf der Frequenzachse zwischen unendlich und dem theoretischen Stillstand alles Schwingenden, beim absoluten Nullpunkt (-273°C) kommt jede Frequenz vor. Astralreisende, die tief in die verschiedensten Universen vorzudringen vermögen (z. B. der Autor William Buhlmann), berichten von ihren diesbezüglichen Erlebnissen. Der absolute Nullpunkt wird jedoch nie erreicht, denn dort wäre keine Schwingung und somit kein Leben möglich. Er ist nur eine rechnerische Größe.

In langsameren, aber immer noch feinstofflichen Feldern sind der unipolare Geist und die Chakren angesiedelt. Hier ist noch keine polare Erfahrung möglich, und es wirken die universellen Gesetze.

Verlangsamt sich die Schwingung weiter, erreichen wir jedoch die polare Ebene von Psyche und Seele und streifen die von unserem Bewusstsein erfahrbaren Bereiche. Hier setzen Psychotherapie und Farbtherapie an, aber auch Hypnose, Imagination und Gebet. Selbst die Akupunktur arbeitet auf dieser Schwingungsebene. Es ist das Feld der Energien, die, wenn sie sich weiter verlangsamen, zur Materie werden. Im Grenzbereich sind die Aggregatszustände zu finden, z. B. verdampftes Wasser. Hier werden erste Erfahrungen möglich, denn da die Ebene der Energien – Gedanken – bereits polar wirkt, können Erlebnisse als gut oder schlecht, angenehm oder unangenehm etc. empfunden werden. Auch unsere Geistführer und die Engel bevölkern diese Ebene und stehen in ständigem Kontakt mit uns.

Die am langsamsten schwingende Ebene ist die des Körpers, der Materie und natürlich der schmerzlichen Erfahrungen. Gesundheitliche Störungen werden hier mit der Schulmedizin, der Homöopathie, den Bachblüten, der Physiotherapie und der Musiktherapie behandelt. Unser

Leben im Körper spielt sich auf dieser »langsamen Ebene« auf den untersten Frequenzen ab (s. Abb. 1).

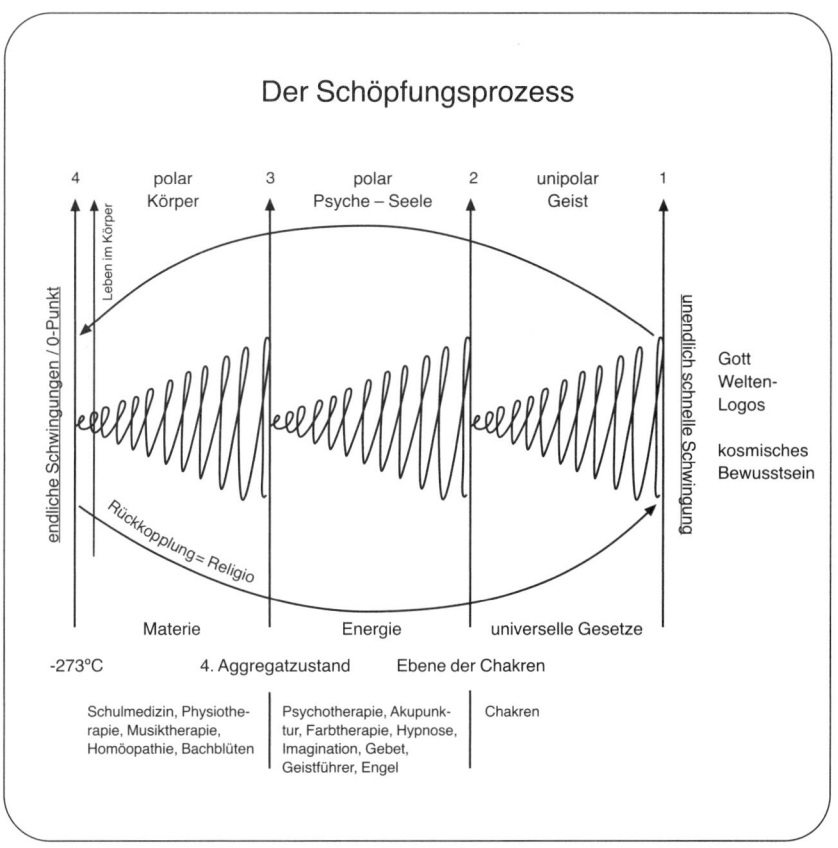

Abb. 1: Die Frequenzachse mit der Zuordnung der Existenzen zu den Schwingungen

Nach Gottes Wunsch sind wir aber auf der untersten Schwingungsskala nicht alleine gelassen. Wir sind Teil von »Alles-was-ist«, was in den verschiedensten Religionen individuell ausgedrückt wird. Und da wir ein Teil vom Ganzen sind, was existiert, gibt es eine Rückkopplungsschleife von der körperlichen Ebene bis hin zum kosmischen Bewusstsein. Diese Rückkopplungsschleife erlaubt es Gott, an unseren Erfahrungen teilzuhaben.

Sicher ist Ihnen der Spruch bekannt: »Wenn du leidest, vermehrst du das Leid der Welt. Wenn du dich freust, vermehrst du die Freude der Welt.« Der tiefere Sinn darin besagt, dass jeder Gedanke und jedes Gefühl bis in die Welt der feinsten Schwingungen reflektiert wird, um dort mit entsprechenden Schwingungen in Resonanz zu treten. Auf dieser Rückkopplungsschleife erlebt nicht nur »Alles-was-ist« unsere Erfahrungen, sondern schickt uns auch Gelegenheiten, Chancen, Situationen und Begegnungen, die dem entsprechen, was wir aussenden. Glückliche Gedanken und Gefühle ziehen weiteres Glück an, die Erfahrung von Reichtum beschert immer mehr davon, egal ob finanzieller oder jeder anderen Art.

Allerdings ist es auch bei für uns negativ empfundenen Dingen so, dass wir mehr von dem bekommen, was wir aussenden, nämlich Mangel. Leiden wir an Mangel und senden dieses Gefühl aus, schickt das Universum uns noch mehr davon. Mangel an Geld, fehlende Liebe, schlechte Gesundheit, zu wenig Nahrung, Ruhe, Schutz – was es auch ist, ein entsprechendes Gefühl wird mehr davon ansaugen, was wir aussenden.

Um sich die Technik der Resonanzbildung zu verdeutlichen, können Sie sich in eine Dusche oder einen anderen kleinen Raum stellen und einen Brummton erzeugen (am besten mit Luft aus der Lunge. Weiter unten lässt der Ton sich für diesen Test nicht genügend modulieren). Wenn Sie den Summton nach oben oder unten variieren, werden Sie bei einer bestimmten Frequenz die Eigenschwingung der Duschkabine treffen, und sie schwingt mit. Sie sind mit der Dusche in Resonanz getreten. Das gleiche Phänomen kann auch beim Klavier beobachtet werden. Das Anschlagen eines Tones bewirkt, dass alle Saiten dieses Tons auf anderen Oktaven mitsummen. Wie in Bezug auf unsere Erfahrungen aus diesem Teufelskreis auszubrechen ist, wird in zahlreichen Büchern bereits beschrieben.

Für dieses Buch ist es interessant zu wissen, wie der Kontakt mit der uns umgebenden feinstofflichen Welt und die Rückkopplungsschleife das Lösen von Blockaden herbeiführen können. Dazu zeige ich Ihnen Anwendungen, die von mir selbst entwickelt wurden und in Kommunikation mit der geistigen Welt hervorragende Dienste leisten. Wie wir oben gesehen haben, steht alles mit allem in Verbindung. Aus höchster Sicht ist alles nur eine einzige Existenz, die sich selbst zu heilen vermag. Doch genau so, wie Immunzellen die Krebszellen im Körper bekämpfen, um das ganze System Körper gesund zu erhalten, so kann auch ein Mensch einen anderen behandeln, denn damit heilt er »Alles-was-ist«. Es ist jedoch ein Trugschluss, dass *wir* es sind, die einen anderen heilen. Wir funktionieren nur als Kanal für die geistige Welt. Die nordamerikanischen Indianer nennen es »ein hohler Knochen sein«, wenn Wakan Tanka, Tunkashila und alle Helfer durch sie wirken.

Sie haben keinen Kontakt zur geistigen Welt? Dann werden Sie das hier lernen, und es wird Ihr Leben in ungeahntem Maß bereichern, nicht nur in dem Sinn, dass sich Ihre Aura auf mehrere Kilometer erweitern könnte. Sie werden erkennen, dass es kein Schicksal gibt, das uns böse zusetzt, dass wir keine Opfer sind und schon gar nicht unheilbar.

Warum wird ein Mensch überhaupt krank? Warum bekommen wir Aids und Krebs, warum leiden wir an Schlaganfall, Herzinfarkt und Magengeschwüren?

Tatsache ist, dass kein Körper von alleine krank wird, und dass er keinen Unfall erleidet, nur weil es »ein Zufall« so will. Vielmehr stehen alle (Frequenz)-Ebenen in ständiger Interaktion miteinander. Seele, Geist und Körper unterhalten sich wie gute Freunde. Blockaden, falsche Glaubenssätze, Charaktereigenschaften, sogar schlimme Erlebnisse aus vergangenen Leben und Besetzungen durch Geister verursachen Angst, Sorgen, Wut und Ärger, oder sie ziehen Situationen an, die Angst, Sorgen, Wut und Ärger schüren. So stellt sich ein festes, negatives Energiefeld ein, das auf eine bestimmte Stelle des Körpers wirkt. Die Sonne hinter einer Scheibe kann unserem Körper nicht schaden. Wird das Glas aber zum Brennglas, entsteht eine Verbrennung. Eine Blockade ist ein Brennglas.

Der Körper als langsamste Schwingung ist träge. Er reagiert nicht sofort mit einer Missfunktion auf Veränderungen in der feinstofflichen Welt. Erst die immer wiederkehrenden Missstände produzieren so genannte schwarze Flecken auf unserem Energiekörper. Diese schwarzen Flecken blockieren Lebensenergie und ziehen unangenehme Dinge in unser Leben, die wir gar nicht haben möchten. Ein schwarzer Fleck geht in Resonanz mit den dazu passenden Gelegenheiten, und schwups, ist der Mist da. Das kann ein Unfall, eine Krankheit oder eine Situation sein, die wir gar nicht erleben wollen. Ist ein solcher schwarzer Fleck lokalisiert und unschädlich gemacht, das heißt, ist die schwere, blockierende Energie aufgelöst, dann wird positive Lebensenergie frei, die wiederum mit entsprechenden Situationen in Resonanz geht. Da diese Situationen natürlich erfreulich sind, wird auch unser Leben schöner, reicher, genussvoller. Weil aber auch körperliche Beeinträchtigungen Folgen blockierender Energien sind, tritt oft rasch Genesung ein, wenn entsprechende Blockaden gelöst sind. Auf jeder Frequenzebene nimmt die Seele begierig die Informationen auf, die zur Selbstheilung oder Selbstregulierung führen. Findet sie Fragmente, die irgendwann einmal herausgeschlagen wurden, wird die damit verbundene Fehlfunktion über die Rückbindung gemeldet, und der Geist kann ausgleichend eingreifen. Dabei helfen wir ihm, zur Heilung für uns selbst und für andere.

Wir lernen in diesem Buch:
- *wie ein Kontakt mit »Allem-was-ist« und der geistigen Welt hergestellt wird.*
- *wie wir Blockaden finden und entfernen.*
- *wie die dazugehörigen Glaubenssätze – falls vorhanden – zunichte gemacht werden.*
- *wie wir das nicht nur bei anderen, sondern sogar bei uns selbst anwenden können – und das ist neu. Suchen Sie doch mal einen Heiler, der sich selbst heilen kann. Dazu bedarf es einiger Übung. Die hier beschriebene Methode ist aber einfach und sicher anzuwenden.*

Sicherlich ist nicht jede Leserin und nicht jeder Leser gleich so perfekt im Erspüren von Energien, dass Hilfsmittel von vornherein überflüssig wären. Zum Glück gibt es aber Arbeitsgeräte, die uns das Auffinden unter der Führung aus der geistigen Welt immens erleichtern. Das sind zum Beispiel Einhandruten oder Pendel. Es macht richtig Spaß, mit diesen Dingen zu arbeiten, und der geistigen Welt gefällt es offensichtlich auch.

Kapitel III

Der Mythos der Schamanen

Heutzutage nennen sich viele Menschen, die anderen mit ihren Heil-kräften zur Verfügung stehen möchten, Schamanen. In jedem Esoterik-shop liegen Flyer herum mit entsprechenden Angeboten, und das Internet ist voll mit Sites, die geistige Heilung anbieten. Schamane – das klingt so geheimnisvoll!

Schaut man sich aber Leute an, die als Heilerin oder Heiler unterwegs sind, macht sich beim Betrachter schnell Ernüchterung breit. Es sind Men-schen, die auf der Straße völlig unauffällig daherkommen, Leute wie Sie und ich eben.

»Pah, Schamane!«, mögen wir denken. »Das sind doch alles nur Auf-schneider, Hochstapler und Möchtegernheiler. Medizinleute, jedenfalls jene der Naturvölker, sehen anders aus.« Da stellt sich uns doch die Frage: Kann ein heutiger, zivilisierter Mensch überhaupt zum Schamanen wer-den? Dazu müssten wir erforschen, was sich dahinter verbirgt. Wie leben sie? Was tun sie? Was macht ihre Fähigkeiten aus?

Alle Naturvölker, wie zum Beispiel Mongolen, sibirische Stämme, afri-kanische Rassen und die Indianer in Nord- und Südamerika – um nur einige wenige zu nennen –, vertrauten ihr Seelenheil den Stammesschamanen an. Am bekanntesten sind vielen sicherlich die indianischen Medizinmänner aus zahlreichen Wild-West-Geschichten. Auch unsere europäischen Vorfahren, wie Gallier, Germanen und Wikinger, kannten den Medizinmann oder Druiden in fast jedem Dorf, auch wenn sie hier wesentlich weniger populär waren als bei den vorgenannten Rassen. Um unsere Frage zu beantworten, was den Schamanen ausmacht und ob es »zivilisierte Exemplare« davon geben kann, schauen wir uns unten eine kleine Auswahl völlig verschiedener Kulturen an.

Die Schamanen hat es schon vor Tausenden von Jahren gegeben, zu einer Zeit, als die Mythen entstanden. Viele wunderbare Geschichten ranken sich heute um die alten Völker und wecken die Sehnsucht nach dem Geheimnisvollen. Harry Potter, Der Herr der Ringe, König Artus und sein Berater Merlin – sie alle locken als Buch oder Film Millionen von Süchtigen an, die sich vom Zauber dieser Welten gar zu gerne in den Bann ziehen lassen. Geheimnisvolle Gestalten mit langen Bärten und magischen Kräften sammeln Kräuter und brauen daraus hilfreiche Substanzen und Getränke, während ein strenger Wind bläst, dunkle Wolken rasch vorüberziehen, Blitze zucken und die Raben krächzend umherflattern. Wir identifizieren uns gerne mit schönen Burgjungfrauen und starken Rittern, die für das Gute kämpfen, und sind begeistert von ihren Zauberern, die in geheimnisvoller Umgebung mit den geistigen Mächten in Verbindung stehen, um das Böse zu vernichten. Wir sehnen uns nach dieser »guten alten Zeit« und den damals noch wirksamen Formeln aus zerfledderten Büchern.

Offensichtlich faszinieren uns die geheimnisumwitterten Praktiken der Schamanen und Druiden. Toll, so ein Zauber, der uns sofort und sicher jeden Wunsch erfüllt und mit dem sogar die Befriedigung von Rachegelüsten ein Kinderspiel ist. Damit sind wir sicher.

HALT! Darum kann und darf es aber nicht gehen!

Jeder Heiler, Schamane, Zauberer, Druide oder Medizinmann, der für das Wohl anderer praktiziert, arbeitet mit der geistigen Welt zusammen.

Er steht in Verbindung mit Gott, der seine Liebe und Fürsorge zur Verfügung stellt, damit der Schamane sie weitergibt an seine Klienten. Eigennutz, Profilsucht und böse Absichten lassen die heilenden Kräfte sehr schnell wieder schwinden, denn Liebe kann und wird nicht für negative Intentionen zur Verfügung stehen.

Wir wissen nicht, was ein sibirischer Schamane, der vor 20.000 Jahren lebte, für ein Mensch war. Es ist uns nicht bekannt, was er glaubte und wie er dachte. Da aber alle nativen Völker von ihren Schamanen gesund gehalten wurden, ist davon auszugehen, dass sie mit Liebe und Respekt ans Werk gingen, sonst wäre ihre Arbeit fruchtlos geblieben. Dass uneingeschränkte Liebe, Fürsorge und die Akzeptanz von allem und jedem zu wirklichen Wundern führen können, hat der größte Heiler aller Zeiten bereits bewiesen: Joshua Ben Joseph von Nazareth, genannt Jesus. Alles ist möglich. Begrenzungen entstehen nur durch unser limitierendes Bewusstsein. Wunder sind deshalb auch nur Ergebnisse, über die wir uns wundern, weil wir sie nicht für möglich halten.

Der Drang der Menschen nach der Vereinigung mit den Spirits ist in den letzten Jahren und Jahrzehnten zu neuem Leben erwacht. Warum ist das so? Sind wir einfach nur vom materiellen Leben übersättigt, oder steckt mehr dahinter? Im Zeitalter der fast uneingeschränkten Sinnestäuschungen durch immer raffiniertere Erfindungen braucht so mancher vielleicht einen neuen (alten) Kick, nach dem Motto: zurück zu den Wurzeln. Die einen leben das Mittelalter nach und ziehen wie die damaligen Gaukler von einem Markt zum nächsten. Andere haben sich einem Dasein in der Steinzeit verschrieben und leben wie Bauern vor 5000 Jahren. Und wieder andere lassen sich vom Mythos der Schamanen überzeugen. Doch was sind Schamanen? Was bedeutet dieser Begriff?

Das Wort »Schamane« kommt aus Sibirien und lässt sich, einigen Quellen zufolge, nicht übersetzen. Andere Angaben sprechen davon, dass Schamane schlicht »Heiler« bedeutet. Auch »Verrückter« im Sinne von »entrückt sein«

kommt hier und da als Erklärung zum Vorschein. Selbst wenn wir kein eigenes Wort dafür haben oder gar haben wollen, so akzeptieren wir doch, dass Schamaninnen in der Lage sind, ihr Bewusstsein zu verändern (zu verrücken). Auf diese Weise besuchen sie feinstoffliche Welten, um dort Rat und Hilfe einzuholen. Heute kennen wir das in gleicher oder ähnlicher Form unter dem Begriff »Astralreisen«. Während solche Reisen inzwischen mit modernen Techniken erlernt werden können, benutzten und benutzen Schamanen Rasseln und Trommeln, um ihren Körper zu verlassen. Durch die monotonen Schwingungen werden die im Wachzustand vorhandenen Beta-Wellen des Gehirns in Theta-Wellen ummoduliert. Solche Theta-Wellen werden nur in tiefer Meditation gemessen. Um das zu erreichen, musste in grauer Vorzeit jemand berufen sein. Dass das nicht immer einfach war, schürt die Mystik, die sich um diese Leute rankt, und macht sie für viele umso interessanter. So unterschiedlich die Wege in den einzelnen Kulturen auch waren, sie hatten dennoch zwei Dinge gemeinsam: Die Verbundenheit mit Mutter Erde und ein Leben nach dem Glauben an die spirituelle Welt. Beides ist uns heutigen Menschen oft nur noch ansatzweise gegeben. Um zu erkennen, was den klassischen Schamanen auszeichnet, schauen wir uns nun die Bräuche von drei verschiedenen Kulturen an.

Germanen und Wikinger

Fangen wir bei unseren germanischen Vorfahren an zu suchen, dann werden wir gewahr, dass deren Kultur von einer schamanischen Mythologie getragen wurde. Ihre Spiritualität war nahezu überall greifbar. Diese Tatsache lässt sich zum Beispiel durch das (nicht nur) bei den Germanen übliche Gottesurteil untermauern. Der germanische Gott Wotan ist jedoch nicht einfach nur der Ranghöchste aller Götter. Er ist der Urschamane, und seine Aufgabe ist es, das Weltall zu ordnen! Dieser große Zauberer und schützende Krieger strebt ständig nach Wissen und Erkenntnis, ist Seelenbegleiter und Herr der Entheogene.

Entheogene sind Stoffe, mit denen sich ein Schamane in die Lage versetzt, mit der geistigen Welt in Verbindung zu treten. Dieser Zustand wird oft durch ein bestimmtes Räucherwerk oder Elixier erreicht. Der in den Asterixheften vom Druiden Miraculix gebraute Zaubertrank ist also keineswegs eine Erfindung der Autoren. Da der Kontakt zur geistigen Welt entsprechend wichtig war, oblag es natürlich dem obersten Schamanen, Wotan, Entheogene, heilige Pflanzen, psychoaktives Räucherwerk und Rauschgetränke zu hüten.

Zurzeit unserer wilden Vorfahren gab es keine Industrie und folglich auch keine Umweltverschmutzung. Das germanische Reich war zu 98 Prozent von Wald bedeckt. Kein Wunder also, dass Bäume einen sehr hohen Stellenwert genossen. Sie wurden als Gottheiten angesehen, und alle Pflanzen hatten Zauberkraft. Alles zusammen stellte den Tempel der Germanen dar. Der Wald war der heilige Hain.

Die Wikinger als unmittelbare Nachbarn der Germanen hatten eine sehr ähnliche Mythologie und verehrten die gleichen Götter, auch wenn sie ihnen andere Namen gaben. Trotzdem war das Schamanentum hier nicht so ausgeprägt. Es gab – wenn überhaupt – nur einen einzigen Medizinmann pro Dorf.

Germanische Schamanen und die der Wikinger wurden bereits mit ihrer Gabe geboren.

SIBIRISCHE SCHAMANEN

Wurde es ausgesuchten Wikingern und Germanen als Geschenk in die Wiege gelegt, Schamane zu sein, so ging es andernorts richtig deftig zu. Von den sibirischen Vertretern, die seit 40.000 Jahren die bis heute wohl älteste Form des Schamanismus praktizieren, wissen wir, dass sie getreu einem Grundschema eine Läuterung durchmachen mussten.

Demnach durchlebten Personen auf ihrem Weg zur Schamanin eine Initiationskrankheit, die mit qualvollen Prüfungen gespickt war. Sie erkrankten z. B. an Pocken, fielen tagelang in einen Zustand der Bewusstlosigkeit und liefen Gefahr, lebendig begraben zu werden, weil man sie oft für tot hielt. In diesem Zustand fand als Erstes die Zerstückelung des fleischlichen Körpers durch die Hand von Geistern und Dämonen statt, die die Rolle der »Initiationsmeister« spielten. Danach folgte der rituelle Tod. Die Person erlebte diesen als Abstieg in die **Unterwelt**, dem mitunter auch ein Aufstieg in die **Oberwelt** folgen konnte. Unter- und Oberwelt sind im schamanischen Sinn mit dem **Unter- und Überbewusstsein** gleichzusetzen, wie wir später noch sehen werden. Zum Schluss erwachte die Person in einem neuen Sein. Sie war geweiht und konnte persönlich mit Göttern, Dämonen und Geistern kommunizieren. Oft genug war ihr Platz in der Jurte nach der Initiation mit Blut getränkt.

Dass auch die sibirischen Schamanen eng mit der Natur verbunden waren und sind und deren Rhythmus folgen, muss nicht extra erwähnt werden. Das ist allen Schamanen und ihren Nomaden-Stämmen eigen.

Hier erkennen wir aber bereits, dass der Weg zum Schamanen von Kultur zu Kultur maßgebliche Unterschiede ans Licht bringt. Warum müssen sibirische Schamanen so leiden, um ihre Berufung auszufüllen? Offensichtlich geht es doch auch ohne! Wenn wir uns diese Frage stellen, dürfen wir nicht übersehen, dass alle Leiden, die der sibirische Prüfling auf sich nimmt, nur vor religiösem Hintergrund einen Sinn machen. Es ist die Lehre von der Auferstehung nach dem Tod, die hier gelebt wird, denn auch auf den »Initiationstod« folgt die »Auferstehung«. Gemeint ist, dass ein völlig neuer, geläuterter Mensch hervortritt, geheilt von allen Krankheiten und Lastern. Je mehr Qualen er erleidet, desto größer sind seine Heilung und damit seine neue Persönlichkeit. Da der germanische Schamane bereits als solcher geboren wurde, brauchte er sich nicht zu läutern, denn er hatte ja noch keine Sünden auf sich geladen.

Ein nicht zu übersehender Punkt ist aber auch die Tatsache, dass jemand, der mit dieser Gabe geboren wurde, als auserwählt betrachtet werden kann. Niemand wird ihm als einem von wenigen seine Gabe streitig machen. Will jemand in späteren Jahren die Fähigkeiten erwerben, stellen Rituale wie das oben beschriebene eine natürliche Auslese dar, die viele davon abhält, diesen schwierigen Weg zu gehen. Wer die schwere Prüfung auf sich nimmt und besteht, hat es verdient, Schamane zu sein.

DIE AMERIKANISCHEN INDIANER

Die Schamanen der Indianer Amerikas mussten ihre Aufgabe von der Geistwelt erbitten und erfragen. Schon als Kinder oder Jugendliche begaben sie sich auf Visionssuche, indem sie tagelang an einsamen Plätzen verweilten und fasteten. Auch die Heilige Pfeife wurde bisweilen geraucht. Auf diese Weise gerieten sie in eine Art Trance und traten mit der Geistwelt in Kontakt. Hier trafen sie ihren Schutzgeist. Er machte den angehenden Schamanen mit seinem Krafttier bekannt, das ihn auf seinem Weg begleiten sollte. Außerdem vermittelte er ihm Lieder und geheimes Wissen, mit deren Hilfe er später jederzeit wieder gerufen werden konnte. Der Schutzgeist schrieb dem Indianer vor, wie er sich kleiden sollte, welche Heilpraktiken, welche Medizin er verwenden und auch welche Speisen er essen sollte. Er informierte ihn über etwaige Verhaltenstabus, deren Verletzung den Entzug der Fähigkeiten oder gar eine Bestrafung zur Folge hatte. Diese Verhaltenstabus nehmen wieder Bezug auf die oben beschriebene Liebe zu den Mitmenschen, aber auch zur Mutter Erde und der geistigen Welt. Ein Schamane, der zum Beispiel das Tabu des Hasses brach, verlor seine Fähigkeiten. Er konnte vom Stamm verstoßen werden und war damit dem Tod geweiht.

Seine Macht erhielt der neue Schamane durch Visionen und Seelenflugerlebnisse, die mit den heutigen Astralreisen vergleichbar sind. Diese Macht stellte er in den Dienst seines Dorfes, indem er jedes Mitglied auf dem Lebensweg begleitete, von der Geburt bis über den Tod hinaus. Auf seinen Geistreisen erfuhr der Schamane alles, was er zur Heilung seines Klienten wissen musste. Er war sich aber auch der Tatsache bewusst, dass nicht er es war, der heilte.

Alle Schamanen der nordamerikanischen Indianer sahen sich als Röhren oder hohle Knochen, durch die die Kraft der geistigen Welt wirkte. Zuerst kam die Kraft zum Schamanen und veränderte ihn so, dass die Heilkraft ungehindert durch ihn fließen konnte. Dann konnte der Heilvorgang in vier Stufen beginnen: Der Schamane rief die geistigen Mächte an, um alles loszuwerden, was bei der Heilung hinderlich sein konnte. Dazu gehörten Zweifel, Fragen, Widerstreben und Ähnliches. War der Schamane davon befreit, konnte er sich dann als saubere Röhre betrachten, durch die die Heilkraft ungehindert strömte. Er war sich bewusst, mit Hoffnungen und Möglichkeiten angereichert zu werden, die seinen Klienten halfen. Als dritte Stufe fühlte er die Kraft durch sich fließen, die er letztendlich an den Heilung Suchenden weitergab in der Gewissheit, dass ihm geholfen wurde. Hatte der Schamane sich damit entleert, konnte er darauf hoffen, von den höheren Mächten mit noch größerer Kraft angefüllt zu werden. Der Schamane wuchs mit jeder Heilung.

Da auch »normale« Indianer auf Visionssuche gingen und mit den geistigen Mächten in Verbindung traten, um den Sinn ihres Lebens zu erfahren, stellt sich die Frage, worin der Unterschied zwischen einem Schamanen und einem gewöhnlichen Menschen bestand, bezogen auf die Metapher der Röhre.

Die Antwort wurde oben bereits gegeben. Nur die reinsten hohlen Knochen oder Röhren konnten den höheren Mächten am besten dienen, und die Schamanen arbeiteten am härtesten daran, zu sauberen hohlen Knochen zu werden. Im Gegensatz zum sibirischen Schamanen, der nach der Läuterung bereits fertig ausgebildet war, wuchsen die indianischen Heiler mit jeder neuen Aufgabe. Durch ein reines Rohr fließt das Wasser eben am besten. Je mehr ein Schamane heilt – das gilt auch für die heutigen –, desto sauberer wird die Röhre, und die Heilungen werden immer erfolgreicher.

Unsere Untersuchungen zu dem Werdegang und den Tätigkeiten der alten Schamanen haben gezeigt, dass allen ein paar grundlegende Dinge gemein sind: Die Ehrung der Mutter Erde und ein Leben in Verbindung mit der geistigen Welt. Darüber hinaus ist auch die Berufung zur Schamanin oder zum Schamanen ein wichtiger Aspekt. Mit ihren Fähigkeiten helfen sie den Mitgliedern ihres Stammes, indem sie kurieren (körperliche Defekte reparieren), heilen (energetische Korrekturen vornehmen) und sogar in die Anderswelt reisen, um verlorene Seelenanteile zurückzuholen und dem Klienten zur Ganzheit zu verhelfen. Kann unter den gegebenen Voraussetzungen ein moderner, zivilisierter Mensch Schamane werden? Diese Frage werden wir im nächsten Kapitel beantworten.

Kapitel IV

Was moderne Schamanen heute leisten

Wie wir gelesen haben, ließen sich manche schamanischen Anwärter zerfleischen. Andere nahmen lange Fastenzeiten auf sich, um ihre Fähigkeiten zu entwickeln. Hatten sie diese erreicht, konnten sie in die Anderswelt reisen, von dort Informationen holen, mit Geistern und Dämonen sprechen, und sie funktionierten als Kanäle für Heilkräfte. Dabei standen sie in direkter Verbindung mit den geistigen Mächten und konnten mit diesen kommunizieren. Das alles klingt so unglaublich, dass sich uns zwangsläufig die Frage stellt: Kann unter den gegebenen Voraussetzungen ein moderner, zivilisierter Mensch Schamane werden? Oder anders gefragt: Müssen wir uns wirklich zerfleischen lassen oder auf Visionssuche gehen, mit Geistern und Dämonen reden und den Körper verlassen, um schamanische Arbeiten zu verrichten – und zu heilen? Trotz der beschriebenen Schwierigkeiten erwacht das Schamanentum zu neuem Leben. Was das angesichts der Tatsachen aus dem vorigen Kapitel bedeutet, werden wir uns jetzt einmal anschauen.

Wir können davon ausgehen, dass nicht nur Wikinger und Germanen als Schamanen geboren wurden, sondern ALLE, die von ganzem Herzen Schamanen sein wollten und wollen. Niemand wird freiwillig Techniker, wenn es ihm beim Lesen eines Schaltplans übel wird, und kein Mensch wird mit Spaß Arzt, wenn ihm beim Anblick von Blut die Sinne schwinden. Darüber hinaus gibt es unzählige Menschen, die in ihrem Job todunglücklich sind, nur weil zum Beispiel die Eltern die Herzenswünsche des Kindes nicht ernst nahmen. Mit viel pädagogischem Feingefühl sind viele von uns belehrt worden, wenn sie ihren sehnlichsten Wunsch äußerten: »Ich will mal Archäologe werden.« Oft folgte darauf ein Klatschen, nämlich dann, wenn Vater oder Mutter sich an die Stirn schlugen. »Bist du noch ganz dicht?«, mag es geheißen haben. »Lerne erst mal was Vernünftiges, und wenn du dann genug verdient hast, kannst du weiter spinnen.« Das »Vernünftige« entpuppte sich vielleicht als eine Lehre in der Autowerkstatt, beim Frisör oder bei Aldi, und nicht selten wird eine solch ungeliebte Ausbildung geschmissen, weil der Lehrling nicht mit dem Meister zurechtkommt, bei den Kollegen aneckt oder gar eine Allergie entwickelt. Der wahre Grund ist aber, dass es ihm einfach keinen Spaß macht, denn die aufgebürdete Lehre steht nicht im Einklang mit dem Lebensplan dieses Menschen. Was hat die Frisörin denn auch mit der Archäologin gemeinsam? Zwar finden einige trotz dieser falschen – irdischen – Führung später noch die Zeichen, die sie auf den richtigen Weg leiten, aber für viele ist der Zug abgefahren. Sie fristen ihr Dasein ohne die rechte Freude daran und finden nie mehr den Anschluss an das, was wirklich Spaß machen würde. Warum das Leben keinen Spaß mehr macht, erschließt sich den meisten indessen nicht. Sie nehmen es als gegeben hin und halten sich für Pechvögel, während den anderen um sie herum alles in den Schoß zu fallen scheint. Die sind nämlich augenscheinlich in einer glücklichen Ehe unterwegs und im Beruf erfolgreich und gefordert.

Was aber wäre ein Schamane wert, dem seine Berufung schwer im Magen liegt? Der beim Anblick eines Kranken, welcher auf seine Jurte zuhumpelt, denkt: »Mann, schon wieder ein Patient. Ich hab's satt, ständig die Bude abzuräuchern, die Spirits zu rufen und Kräutersalben zu mischen. Es reicht, ich kann keine Kranken mehr sehen. Jetzt suche ich mir was anderes.« So wird er den Beruf des Medizinmannes aufgeben und vielleicht Felle verkaufen.

Die alten Schamanen ALLER Kulturen MÜSSEN also dazu berufen gewesen sein. Da das so ist, fragen wir uns weiter, wieso sie dann Initiationskrankheiten durchmachen oder auf Visionssuche gehen mussten. Im Fall eines germanischen Schamanen war das ja auch nicht notwendig. Da bei unseren Vorfahren das Schamanentum aber offensichtlich nicht so einen hohen Stellenwert hatte wie in anderen Kulturen, waren deren Kenntnisse und Fertigkeiten vielleicht auch weniger ausgeprägt als die der sibirischen Schamanen. Sie lernten ihr Handwerk einfach von den älteren Schamanen, bei denen sie in die Lehre gingen. Ihre Hauptaufgaben waren es, die Götter anzurufen, als Zeremonienmeister bei Opferungen zu wirken und mit Kräutern zu heilen.

Wir, die Schamaninnen und Schamanen der Neuzeit, begleiten aber keine Opferungen, und selbst wenn manche von uns Salben mischen, so liegt darauf dennoch nicht das Hauptaugenmerk. Wir wollen mehr, nämlich Menschen bei ihren Problemen helfen und sie womöglich davon befreien. Müssen wir also doch durch die Hölle gehen und in der Wüste fasten?

Wie viele moderne und zivilisierte Menschen sind heutzutage auf Visionssuche, ohne dass sie an abgeschiedenen Plätzen hungern, bis ihnen der Magen schrumpft? Das unüberschaubare Angebot von Seminaren und Kursen gibt darauf eine deutliche Antwort. Dabei ist es völlig egal, was der Inhalt eines Kurses ist. Alle esoterisch geprägten Seminare wollen und sollen die Teilnehmer auf den Lebensweg bringen, denn diesen nicht zu kennen oder zu finden, ist das Hauptleiden der Menschheit. Ob, wie in den Neunzigern des letzten Jahrhunderts, positives Denken geübt werden soll, das geistige Heilen gelehrt oder gar schamanische Praktiken näher gebracht werden – es ist im Grunde genommen alles dem gleichen Ziel verschrieben. Das ist auch kein Wunder, denn viele kennen das Lebensziel nicht und plagen sich oft ein Leben lang mit Aufgaben und Berufen herum, die ihnen nicht liegen. Die Folge sind eine stetig zunehmende Unzufriedenheit und Krankheiten. Der Geist unserer zivilisierten Gesellschaft (nicht nur der Deutschen) kränkelt gelangweilt vor sich hin. Dabei ist es recht einfach herauszufinden, was unsere Vision ist:

Wir sind alle auf Erden, um zu dienen und zu helfen! Allerdings wird dieser Leitsatz oft falsch verstanden, denn mit »dienen« ist nicht das »Bedienen« gemeint. Niemand soll seine Tage damit verbringen herauszufinden, wie er jemandem kostenlos einen Gefallen tun kann. Dienen heißt einfach, etwas zu tun, das Spaß bereitet und anderen gleichzeitig nutzt.

Als Karl Benz und seine Erfinderkollegen die ersten Automobile entwickelten, hatten sie Spaß an ihrer Arbeit. Und mit ihrer Erfindung dienten sie der Menschheit, indem sie den Traum von Fortbewegung besser zu realisieren vermochten, als es bis dahin mit Pferd und Wagen möglich war. Ein Sternekoch im Nobelrestaurant dient ebenso, denn seine Kreationen sind bei den Feinschmeckern höchst willkommen, während er gleichzeitig Spaß an seiner Arbeit hat. Es muss aber nicht auf den Ebenen der Megastars und Genies gestochert werden, um Beispiele zu finden, denn auch die Be-dienung in diesem (oder jedem anderen) Restaurant kann sich vielleicht nichts Schöneres vorstellen, als die Gäste zu bedienen. Ist es nicht herrlich, den erwartungsvollen Hungrigen freundlich die erlesenen Speisen und Getränke hinzustellen, guten Appetit zu wünschen und dabei ihre glänzenden Augen zu beobachten? Wenn die Bedienung das so er-LEBT, dann LEBT sie ihre Vision! Bei ihr macht sich das sicherlich am Trinkgeld bemerkbar, während ihre unfreundliche Kollegin, die von ihrer Vision als Tierärztin weit entfernt ist und das Kellnern hasst, ziemlich kurz gehalten wird.

Wir sind also alle auf Visionssuche, und viele wissen es nicht. Was das Indianermädchen oder der Indianerjunge schon als Kind herausfinden, erschließt sich vielen »Zivilisierten« erst nach harten Jahren der Erfahrungen – oder eben gar nicht. Haben wir aber unsere Vision, unser Lebensziel oder auch nur den Weg dorthin gefunden, findet eine wohltuende Befreiung statt, und wir leben unser Leben, anstatt es nur abzusitzen.

Gibt es sie also doch, die modernen Schamanen? Und die Antwort lautet: Ja, es gibt sie! Menschen, die ihren Lebensweg darin sehen, anderen zu helfen, und alles daran setzen, schamanische Fähigkeiten zu erlangen, bieten sich als Beispiel an. Die eine bekommt ihre Gabe bereits in die Wiege gelegt, wie die Germanen. Sie kann mit der verstorbenen Großmutter sprechen oder zukünftige Ereignisse voraussehen. Der andere entwickelt seine Gaben im Laufe des Lebens, ist ständig auf der Suche nach mehr Wissen und eignet es sich überall dort an, wo er es angeboten bekommt. Auf jeden Fall spüren berufene Schamanen eine gewisse Rastlosigkeit, wenn es darum geht, jemandem zu helfen und damit zu dienen.

Die Klientel der »Neo-Schamanen« ist riesengroß, denn ihre Dienstleistungen beschränken sich keineswegs auf körperliche Krankheiten. Da alles, was unerwünscht in unser Leben tritt, als Blockade betrachtet werden kann, ist für die Heilerin das Angebot an Kunden gar unerschöpflich. Selbstverständlich spezialisieren sich viele Schamanen auf eine bestimmte Methode. Die einen nennen sich Geistheilerin und behandeln die schmerzhaften Auswüchse energetischer Blockaden. Andere gehen ein paar Schritte weiter und suchen nach den Ursachen von Störungen, bevor sie geistige Heilung anbieten. Sie sind somit auch psychologisch tätig. Wieder andere behandeln Themen aller Art, indem sie die verursachenden Blockaden entfernen. Außerdem gibt es das Heer der Heilpraktiker, das mit Homöopathie, Schüsslersalzen, Bachblüten und anderen Naturheilmitteln arbeitet. Sie decken damit ein Randgebiet ab. Aber auch Akupunktur, Reiki, Klangschalentherapie, Ohrkerzenanwendung und vieles mehr gehört in den Bereich der Geistheilung, denn auch diese Methoden behandeln den Geistkörper. Da das Angebot an geistigen Heilpraktiken so vielfältig ist, soll an dieser Stelle dargestellt werden, was die neuen Schamaninnen überhaupt leisten. Letztendlich wirkt nämlich jede Methode. Die Schamanin muss sie nur anwenden können.

Um zu verstehen, was schamanische Arbeit bedeutet und wie sie wirkt, muss klar sein, wie die (menschliche) Existenz aufgebaut ist.

»Heile deine Seele, dann werden Geist und Körper folgen«, sagt Dr. Zhi Gang Sha, der Entwickler der Seele-Geist-Körper-Medizin, in seinem gleichnamigen Buch. Diese Methode bedient sich der schier unglaublichen Heilkraft der Seele. Sie ist in der Lage, jede Krankheit und jede Verletzung zu heilen, indem sie die entsprechenden Fähigkeiten des Geistes animiert. Dieser wiederum wird die Heilkraft des Körpers und seines Immunsystems anschieben. Jeder von uns hat diese Heilkraft schon am eigenen Körper erlebt, denn welches Kind kommt schon ohne Beulen und Schürfwunden durch die ersten Lebensjahre? Ist das Knie verschrammt, bedarf es keines großartigen Schamanen, um diese Wunde wieder zu verschließen. Wir kämen nicht einmal auf die Idee, dazu einen Helfer aufzusuchen, denn wir wissen: Das heilt wieder. Die Erfahrung zeigt es uns, und es gibt keinen Zweifel daran. Schon bald bildet sich der Schorf. Es hört auf zu bluten, und schon ein paar Tage später fällt die Kruste ab. Darunter kommt neue Haut zum Vorschein. Das war's. Bei Prellungen, Schnittwunden, ja sogar bei Knochenbrüchen ist das nicht anders. Alles heilt wieder von selbst. Natürlich ist bei schwereren Verletzungen eine gewisse Schonhaltung anzuraten, damit der Knochen auch richtig zusammenwächst, aber im Grunde ist jede Reparatur eines Defekts das Ergebnis aktiver Selbstheilungskräfte. Die Verletzung selbst wurde uns als Erfahrung geschenkt, aus der wir lernen durften. Zum Beispiel war uns nach dem Sturz mit dem Fahrrad klar, dass ein zu forsches Schneiden einer Kurve zu blutigen Knien, Beulen am Kopf oder gar gebrochenen Armen führt.

Nicht nur unser Körper samt seines Bewusstseins hat die Erkenntnisse aus dem Sturz in den Erfahrungsschatz aufgenommen, sondern auch die Seele. Sie hat verstanden, warum wir hinfielen (weil wir zu schnell waren), hat es akzeptiert und dem Geist mitgeteilt: »Sag dem Körper, er soll die Wunde am Knie wieder schließen. Ich weiß jetzt, dass Rasen die Fliehkraft herausfordert.« Und der Geist – das Unterbewusstsein also – gibt den Befehl an die Zellen weiter, die das Blut gerinnen lassen. Die Blutung wird gestoppt, und neue Haut kann gebildet werden. Das funktioniert bei Krankheiten genauso wie bei Verletzungen.

Wenn wir doch alle über Selbstheilungskräfte verfügen, wofür werden die Schamanen dann überhaupt benötigt?

Nun, wenn das Kind aus dem Schleuderkurs nichts gelernt hat, sieht das Ganze natürlich ein wenig anders aus. Dann hat es nicht die Erfahrung gemacht, dass zu schnelles Fahren auf kurvigen Schotterwegen zum Sturz und damit zu Verletzungen führt, sondern dass das Fahrradfahren allgemein blutige Knie nach sich zieht. Darauf hat es keine Lust mehr. Es will sich die Knie nicht mehr aufreißen. Also lässt es das Fahrrad stehen.

Die Interpretation des Sturzes könnte natürlich auch anders ausfallen, zum Beispiel: Das Fahren auf Schotterwegen führt zu Verletzungen. In beiden Fällen hat die Seele den Sturz nicht richtig eingeordnet. Während das Kind mit der richtigen Erleuchtung in Zukunft auf geschotterten Kurven einfach langsamer fährt, wird das zweite Kind kein Fahrrad mehr anfassen und / oder Schotterwege meiden. Dass es später trotzdem mit dem Auto in der Kurve knallen kann, sei mal dahingestellt. Um also die Knie in Zukunft schorffrei zu halten, wird die Seele ein Stück Lebensenergie wegschließen. Was das bedeutet, erleben wir in Kapitel 7. Hier ist uns nur wichtig zu wissen, dass die Seele am Kopf einer Hierarchie sitzt. Sie entscheidet, was Geist und Körper auf heilender Basis tun sollen. Schweigt die Seele, findet auch keine Heilung statt. So könnte es, um bei unserem Kniebeispiel zu bleiben, auch passieren, dass das Knie nicht heilt, weil die Seele nicht kapiert, warum es verletzt ist. Es hängt davon ab, wie »gebildet« eine Seele ist. Fortgeschrittene Seelen wissen sehr gut, wie sie mit gemachten Erfahrungen umgehen, andere weniger. Ein Vergleich mit dem Berufsleben ist hier durchaus angebracht.

Weniger fortgeschrittene Seelen legen manche Erfahrungen also falsch ab und blockieren das Fahrradfahren oder das Fahren auf Schotterwegen. Immerhin glauben sie, die richtige Erfahrung gemacht zu haben und lassen das Knie wieder reparieren, indem sie die nötige Anweisung an den Körper senden.

Andere – unwissende – Seelen wissen vielleicht erst gar nicht, was der Sturz überhaupt zu bedeuten hat. Eine solche Seele wird keinen Heilbefehl an den Geist geben. Sie wird schweigen, das Knie wird nässen, sich entzünden, eitern, zum richtigen Problem werden. Wird daraus immer noch nichts gelernt, kann sich das Problem sogar noch vergrößern. Die Kniebeschwerden nehmen zu. Zwar wird es dem Arzt mit all seinen Künsten gelingen, die Wunde zu schließen. Das wird aber nicht von Dauer sein, und bald wird sich ein anderes Problem am Knie manifestieren. Hoffentlich wird die Seele irgendwann erkennen, warum das Knie so eine Schwachstelle ist, denn dann kann sie endlich die Blockade lösen und den Körper zur Selbstheilung anregen.

Das oben gezeigte Beispiel beschreibt den Gedanken der Hierarchie von »Seele, Geist und Körper«. Das ist nichts Neues, denn schon das schamanische Weltbild aller Kulturen besteht aus verschiedenen Schichten. Am häufigsten tritt das Drei-Schichten-Modell auf. Himmel, Unterwelt und Erde bilden diese drei Ebenen, und damit sind wir wieder beim oben beschriebenen Seele-Geist-Körper-Modell. Diese Ebenen sind mit einer Achse, dem Weltenbaum, verbunden, an dem die Schamanen auf- und absteigen. Nicht nur auf schamanischen Reisen sind so Seelen- und Geistheilung und sogar das Zurückholen verlorener Seelenteile machbar. Da, wie oben beschrieben, ein gesunder Körper vor allem eine gesunde Seele voraussetzt, wird uns bewusst, wie sehr dieses Drei-Schichten-Modell immer noch aktuell und gültig ist. Aus diesem Grundsatz heraus lässt sich alles heilen. Es gibt keine Beschränkung. Voraussetzung ist einfach nur, dass die Seele das auch möchte. Ist die Seele mit einer Behandlung einverstanden, steht dem Schamanen nichts mehr im Wege, dem Klienten zu helfen. Er wird ihm die negativen Energien nehmen und positive zuführen. Es findet also ein Ausgleich statt. Mit ihrem Wissen und ihren Fähigkeiten verhelfen die Schamanen ihren Klienten zu einem positiveren Lebensgefühl, ja sogar zu einer tiefen Empfindung von Glück, da sie in der Lage sind, alle Probleme dem Universum zu übergeben.

Mit meiner Methode, der PR-Methode, ist es möglich, alle zu einem Thema gehörenden Blockaden zu lösen, die Hilfesuchenden von Besetzungen zu befreien und abgetrennte Seelenanteile zurückzuholen. Dazu ist die Offenheit der Klienten von größter Wichtigkeit. Nicht nur die Annahme der Behandlung ist gefragt. Auch das Integrieren der Erkenntnisse ins Leben ist wichtig.

Dazu ein Negativbeispiel: Ich habe es schon erlebt, dass sich jemand von mir gegen Stress behandeln ließ. (»Hab schon alles probiert, und keiner kann mir helfen. Was kann schon schiefgehen, wenn *Sie* es mal probieren.«) So ließ ich der Dame eine Fernbehandlung angedeihen. Zunächst war es sehr schwierig, an die Blockaden heranzukommen, um diese zu lösen. Es gelang mir nur mit großer Anstrengung. Und als ich nach der Behandlung zum Nachgespräch anrief, war das Telefon der Klientin zwei Stunden lang besetzt. Später erfuhr ich, dass sie während der Behandlung durch einen Anruf gestört wurde, danach einen falschen Knopf drückte und einschlief. (Behandelt werden kann aber nur am wachen Bewusstsein.) Als ich ihr endlich vermitteln konnte, was ich bei der Behandlung gesehen hatte, leugnete sie, dass ich damit Recht hatte und weigerte sich, meine Ratschläge anzunehmen. Am Ende war es für sie dann das Schicksal, das ihr böse mitspielte, und der Glaubenssatz (»Mir kann eh keiner helfen«) legt weiter ordentlich an Gewicht zu. Sie wird immer wieder unfähige Leute treffen, die ihr nicht helfen können. Selbst der Urschamane Wotan wird es nicht fertigbringen, solange sie nicht umdenkt.

Solche Fälle bleiben für die meisten von uns Heilern gottlob eine Ausnahme, und sie treten nur auf, damit wir auch durch diese Erfahrung wachsen können. Ansonsten schickt uns das Universum immer die Menschen, die zu uns passen. Weiter hinten werde ich beeindruckende Beispiele dafür geben, wie die richtigen Klienten zu uns finden. Bei diesen können alle Blockaden gelöst werden, und das bringt:

KÖRPERLICHE UND GEISTIGE GESUNDHEIT

Zu meinen Klienten gehören Menschen mit Gelenkleiden (eine sogar seit Geburt, siehe Fallbeispiele), mit Diabetes 1 (nach schulmedizinischer Auffassung unheilbar), Multipler Sklerose, die ebenfalls »nicht geheilt werden kann«, mit Kreuz-, Knie- und Schulterschmerzen und, und, und. Ihnen allen konnte und kann geholfen werden. Der wichtigste und schönste Grund dafür ist, dass sie einfach unbedarft zu mir kamen und zum Beispiel sagten: »Ich habe deine Nummer von einer Freundin bekommen. Sie meint, du könntest mir helfen. Wann kann ich denn einen Termin haben?« Und der zweite Grund, warum sie gesund werden können, ist, dass die geistige Welt keine Hilfe ablehnt. Wer anklopft, dem wird aufgetan, und wenn ich meine Spirits anrufe und sage: »Es gibt Arbeit«, dann sind sie zur Stelle und verkrümeln sich nicht in einem Loch wie ein Rudel Arbeitsscheue. Interessanterweise scheren sich weder die geistige Welt noch die Klienten darum, was die Schulmedizin sagt. Den Begriff »unheilbar krank« gibt es in diesem Bereich nicht. Die Einzige, die eine Heilung verhindern kann, ist die Seele selbst, die deshalb aber noch nicht unheilbar krank ist. Sie möchte eben nicht geheilt werden und hat dafür ihre Gründe. Vielleicht will sie ein Leben im Rollstuhl verbringen, um diese Erfahrung zu machen und hat sich nur deshalb inkarniert. In solchen Fällen werden wir keine Blockaden präsentiert bekommen, die es zu lösen gilt. Wenn die Krankheit aber durch Blockaden hervorgerufen wird, die im Laufe dieses oder gar eines vergangenen Lebens aufgebaut wurden (zum Beispiel durch einen Sturz mit dem Fahrrad), dann werden diese auch gelöst werden können.

Meiner Erfahrung zufolge gehen all diese schweren Energien mit falschen Glaubenssätzen einher. Sie haben die ehrenvolle Aufgabe, die Sammlung an Blockaden zumindest auf einem gewissen Niveau zu halten. Ein solcher Glaubenssatz könnte zum Beispiel heißen: »Mir kann ja doch keiner helfen« – oder, um beim Kniebeispiel zu bleiben – »Fahrradfahren verursacht blutige Knie«. Der Glaubenssatz steht mit der Kollektion an Blockaden in Verbindung und funktioniert wie ein Standby-Akku, damit die negativen Energien immer schön Saft haben, um zu überleben.

Auch diese Glaubenssätze – schön wenn's nur einer wäre – bekommen von uns während der Behandlungen den Garaus gemacht. Damit ziehen wir den Blockaden den Stecker, und irgendwann, wenn die Batterie leer ist, verglimmen sie in weißem Licht. Diese frei werdende Energie wird der Seele mitgeteilt. Sie heilt sich selbst und informiert den Geist über die veränderten Umstände. Da der Geist den Körper bildet, findet auch hier ein Umbau statt, der allgemein als Genesung bezeichnet wird. Aus dieser Sicht gibt es also keine unheilbar Kranken.

Blockaden müssen aber nicht zwangsläufig nur körperliche Gebrechen verursachen, das ist uns allen bekannt. Oft kommt es »nur« zu psychischen Störungen aller Art. Da diese Störungen, Depressionen, Süchte, Zwänge usw. auch nur durch Energieblockaden entstehen, sind sie genauso auflösbar wie jene, die sich in körperlichen Gebrechen manifestieren. Natürlich werden auch die dazugehörigen falschen Glaubenssätze entfernt und durch die richtigen ersetzt. Für die Anwenderin der PR-Methode ergibt sich da kein Unterschied, und für den Klienten auch nicht.

GLÜCKLICHERE LEBENSUMSTÄNDE

Das Kniebeispiel hat gezeigt, wie sich körperliche Limitationen manifestieren können, wenn die Seele aus einer Erfahrung die falschen Schlüsse zieht. Solche Fehlinterpretationen resultieren jedoch nicht immer nur in körperlichen Gebrechen. Alles, was die Seele als unangenehm und blockierenswert erlebt, kann später das Leben vermiesen, wenn die Erfahrung nicht als solche angenommen wird. Das nachfolgende Beispiel soll verbildlichen, wie das aussehen kann.

Wenn eine gewisse körperliche Reife erlangt wird, richten sich unsere Blicke (meist) auf das andere Geschlecht. Um einen ersten Anhaltspunkt zu haben, ob das Gegenüber für eine Fortpflanzung tauglich sein könnte, werden bestimmte Kriterien angesetzt. Alles Mögliche kann als Maßstab gelten. Von oben angefangen ist vielleicht die Haarfarbe, -länge, -dichte und die damit zur Schau gestellte Frisur wichtig. Augen, Gesicht, Figur, Kleidung und Beine bis hin zur Schuhgröße folgen. Passt alles, dann ist das Exemplar entsprechend *unseren* Vorstellungen ausgestattet. Schön, wenn wir nun auch jenen *unseres Gegenübers* gerecht werden.

Gehen wir mal davon aus, dass die Äußerlichkeiten aus beider Sicht hervorragend sind. Ist das nun schon der Startschuss für ein Date? Nein, denn auch die seelische Verfassung spielt im Moment des Kennenlernens eine Rolle. Hat die Probandin oder der Proband gerade einen Sechser in Mathe geerntet, könnte sich eine Liaison schwieriger gestalten als mit einer Eins in der Schultasche. Will aber »Alles-was-ist« sehen, was passiert, wenn sich genau diese beiden Menschen miteinander vergnügen, dann peilen alle Antennen die Gegend nach Signalen ab, und der ersten Liebe steht nichts mehr im Weg. Der Bub hat »die Superbraut« an Land gezogen, und diese den »Mega-Boy«.

Das erste Liebesabenteuer ist nicht immer von langer Dauer. Es kann schnell zu Ende sein, wenn beide erkennen, dass Äußerlichkeiten allein für ein Zusammenleben bis zum Tod nicht ausreichen. Kommt es schon bei alltäglichen Dingen zu Diskrepanzen, ist ein baldiges Ende vorprogrammiert, und innige Gefühle können erst gar nicht aufgebaut werden. Schlimmer ist es, wenn es seine Zeit dauert, bis die Superbraut oder der Megaboy sich als Fehlgriff entpuppt. Das Auseinandergehen wird wesentlich schmerzhafter sein, und es verstärkt die Gewissheit, dass »diese Tussi« oder »dieser Macker« bloß nicht mehr hier auftauchen soll. Am besten gar niemand mehr vom anderen Geschlecht. Eine solche Geschichte wollen Seele, Geist und Körper in bester Einigkeit in der Regel nicht noch mal erleben.

Erfahrene Seelen wissen, dass in Zukunft jemand her muss, mit dem Aussehen UND Vorlieben in Einklang stehen. Wo soll denn sonst der Urlaub verbracht werden, wenn sie ins Gebirge will und er ans Meer? Was wird gekocht, wenn er Gemüse liebt und sie das Grünzeug hasst? Was, wenn sie nicht ohne Hund kann, und er Tiere nicht ausstehen mag? Oder wie soll das Zusammenleben funktionieren, wenn es beim Kinderwunsch gegenseitige Meinungen gibt?

Ging eine große Liebe auseinander, weil zum Beispiel die maßgebliche Frage nach Kindern keine Erfüllung fand, dann wird die *erfahrene* Seele diese Trennungswunde relativ rasch wieder heilen, denn sie hat erkannt, dass es mit einem Partner, der in wichtigen Dingen völlig anders denkt, keinen Sinn hat. Bei der nächsten Wahl wird also nach jemandem Ausschau gehalten, der möglichst 100%ige Übereinstimmung bringt.

Die unerfahrene Seele prägt sich vielleicht ein, dass sie auf ein solches Desaster mit dem anderen Geschlecht keine Lust mehr hat. Sie verschließt sich gegen weitere Liebesabenteuer. Diese Blockade vermindert das Glück des Lebens, denn die Trägerin vermisst die Liebe, auch die körperliche, und einen Partner für die Zweisamkeit. Sehnsüchtig wird auf andere geschaut, die offensichtlich das Glück gepachtet haben, und es tut weh, das selbst nicht zu erleben. Sie mag denken: »Wir können es ja noch mal versuchen«, und getreu der negativen Energie (nie mehr was mit dem anderen Geschlecht) wird sie sich einen Partner suchen, mit dem es wieder rappelt. Die Blockade wird fetter, und die Lehre ist: »Ich wusste es doch. Es hat keinen Zweck.« Vielleicht verursacht die blockierte Lebensfreude nun eine so große Unzufriedenheit, dass auch andere Bereiche in Mitleidenschaft gezogen werden.

So schlimm muss es zwar nicht werden, aber es könnte so sein, wenn sich die Blockade ausweitet. Auch hier ist die Seele imstande, sich selbst zu heilen. Solange sie aber nicht erkennt, warum sie leidet und wo der Fehler liegt, ist schamanische Hilfe sehr von Nutzen.

Was auch immer der Grund für eine x-beliebige Blockade sein mag, die Schamanin wird der Seele bei der Selbstheilung helfen, indem sie sie zur Erkenntnis führt. Sie bringt die Blockade zum Vorschein und damit ins Bewusstsein. Auf diese Weise erfährt die Seele, dass das Knie nicht heilt, weil der damals kindliche Körper zu schnell in eine Kurve hineinradelte. Und sie bekommt außerdem vor Augen geführt, dass es keinen Partner für sie gibt, weil sie glaubt, alle Männer seien gegen Kinder, Hunde oder andere Familienmitglieder. Dieses Aha-Erlebnis lässt zahlreiche Schuppen von den seelischen Augen rieseln, und der Blick auf die Tatsachen wird frei. So erleuchtet, wird die Seele nicht nur die Blockade lösen, den Heilungs-impuls an den Geist schicken und noch vor dem Körper gesund werden – sie wird auch endlich die richtige Erfahrung abspeichern können, für dieses und alle folgenden Leben. Mit der falschen Interpretation des Gesche-henen war kein Wachstum möglich, und das Knie hat praktisch umsonst geblutet. Mit der Ablage im richtigen Fach allerdings hat die Seele etwas hinzugelernt, das ihr für immer dienlich sein wird.

Kapitel V

Kein Schamane ohne Utensilien

Esoterikshops füllen ihre Regale gerne mit allerlei Dingen, die den Esoterikshops eben eigen sind. Hier finden sich Edelsteine, Räucherwerk, Ruten, Pendel, Trommeln, Rasseln und vieles mehr. Selbstverständlich zeigen uns Zeichnungen und Fotografien alter Schamanen, dass diese tatsächlich mit entsprechenden Utensilien bestückt waren, um ihre Arbeit gewissenhaft zu erledigen. Was hatte es aber damit auf sich? Und wie ist es zu bewerten, dass sich moderne Schamaninnen eben solcher Dinge bedienen? Ist es nostalgischer Firlefanz? Wollen sich Möchtegern-Schamanen profilieren, ohne zu wissen, was sie da machen? Und überhaupt: Waren Pfeifen und Trommeln wirklich notwendig?

Die Antwort lautet: Ja, für eine Arbeit mit der geistigen Welt waren und sind die genannten Utensilien wichtig.

Die in diesem Buch beschriebene PR-Methode ist eine Fernheilmethode. Deshalb liegt der physische Körper unserer Klienten nicht vor uns, wenn wir behandeln. Gleichwohl ist der Geistkörper präsent. Da wir also mit unseren physischen Händen einen Energiekörper behandeln, ist eine Vermittlung erstrebenswert. Darüber hinaus sind wir mit der geistigen Welt in Kontakt, für die wir als Kanäle arbeiten. Auch hier ist ein Medium von tragender Bedeutung. Und auf dieses Medium werde ich nun eingehen.

STEINE ALS MEDIUM

Bei den Schamanen der amerikanischen Ureinwohner waren und sind Steine ein Heiligtum, dem beim Heilen eine besondere Bedeutung zukommt. Frances Densmore berichtet in ihrem Buch* von heiligen Steinen. Die Einführung ist mit einem Zitat von Chased-by-Bears realisiert, der Folgendes zu berichten weiß:

>*Der Umriss des Steins ist rund. Er hat weder Ende noch Anfang und ist endlos wie die Kraft des Steins selbst. Der Stein ist das Werk der Natur und ist in seiner Arbeit perfekt, keine künstlichen Mittel wurden bei seiner Formgebung benutzt. Äußerlich ist er nicht schön, aber er hat eine feste Struktur wie ein solides Haus, in dem man sicher wohnen kann. Er ist nicht aus mehreren Materialien zusammengesetzt, sondern nur von einer Substanz, die echt und keine Nachahmung von irgendetwas anderem ist.*«

So lobend sprechen wir Menschen nur über Dinge, von denen wir überzeugt sind und die wir ehren. Dass die Indianer einfache Steine so sehr hervorheben, muss also eine besondere Bewandtnis haben. Oder waren es gar keine einfachen Steine? Tatsache ist, dass sich die Medizinleute gezielt nach ihren Helfern auf die Suche machten und dabei von Visionen leiten ließen. Von Brave Buffalo, einem um 1838 geborenen Medizinmann, ist bekannt, dass er sich im Alter von zehn Jahren den Fundort seines ersten heiligen Steins erträumt hatte. Weil er in der Natur umhergestreift war und erkannt hatte, dass es für alles nur einen Schöpfer geben müsse, erschien ihm der Stein im Traum. Er beantwortete ihm die Frage, wer denn ihn und alles andere erschaffen hätte, nämlich Wakan Tanka. Der Stein sagte ihm auch, dass Brave Buffalo seine Mithilfe erbitten dürfe, wenn er versuchen wolle, eine kranke Person zu heilen. Alle Kräfte der Natur würden ihn bei der Heilungsarbeit unterstützen, denn

---

*Frances Densmore, o.T., 1918, Seite 205, zitiert bei Thomas Mails, »Das geheime Wissen des Schamanen Fools Crow«, Krüger, Seite 142.

er habe sich durch sein Interesse der übernatürlichen Hilfe für würdig er-
wiesen. Kurz danach fand Brave Buffalo seinen ersten heiligen Stein, mit
dessen Hilfe er viele Menschen kurierte.

Von den Besitzern heiliger Steine wurden viele faszinierende Geschichten erzählt. Sie dienten nicht nur zur Heilung, sondern lockten auch Büf-
fel bis auf Schussnähe heran, stöberten verlorenes Eigentum auf oder ver-
liehen die Macht der Entfesslungskunst. So soll es dem Medizinmann Bear
Necklace gelungen sein, sich aus einer sicheren Verschnürung mit gedreh-
ten Sehnen zu befreien. Bis zur Reglosigkeit gefesselt, wurde er in sein Tipi
gelegt. Laut Bericht erzitterte das Tipi. Die Schnüre lösten sich, und Bear
Necklace war frei. Auch Sitting Bull soll seinen sehnlichsten Wunsch,
berühmt werden zu dürfen, von heiligen Steinen erfüllt bekommen haben.
Nicht zuletzt wurden sie natürlich auch nach dem Ausgang von Schlachten
befragt, und die Antworten sollen ausnahmslos exakt gewesen sein. Wir
Schamanen interessieren uns jedoch eher dafür, wie wir die Steine als
unsere heilenden Helfer einsetzen können.

Thomas Mails beschreibt in seinem 1991 erschienenen Buch »Das geheime Wissen des Schamanen Fools Crow« (Seite 145 ff.) seine Erkenntnisse, die er diesem zeitgenössischen Medizinmann verdankt. Fools Crow
verstarb 1989 im Alter von ca. 100 Jahren. Da er bis zuletzt als heiliger Mann
tätig war, dürfen wir von seinen Erfahrungen recht zeitnah profitieren.

Fools Crow arbeitete mit zahlreichen steinigen Helfern zusammen.
Drei davon bereicherten ständig seinen Medizinbeutel und begleiteten ihn
bei bestimmten Heilungen. Darüber hinaus besaß er einen runden Stein
mit aufgemaltem rotem Ring und einen eiförmigen Stein. Als Fools Crow
nach eigenen Aussagen Wakan Tanka auf dem Bear Butte traf, wurden ihm
sieben Steine in den Körper eingepflanzt. Das war 1965. Zu dieser Zeit
besaß er bereits 405 »weiße Steinmänner-Helfer«, die er während seiner
ersten Visionssuche gefunden hatte. Wenn Fools Crow heilte, dann sprach
er mit den Steinen, und sie erklärten ihm, warum ein Mensch krank war.

Dieser Beschreibung zufolge könnten wir nun annehmen, dass Steine eine eigene spirituelle Kraft besitzen. Laut Fools Crow ist das auch so. Er steht mit seiner Meinung keineswegs alleine da, denn Steine sind bei den indigenen Amerikanern ein wichtiges Heil-Utensil. Fools Crow benutzte seine Steine sicher wie jeder andere Medizinmann, wenn er einen davon über einen erkrankten Körper führte, bis der Stein die Stelle ausfindig gemacht hatte, die kuriert werden sollte. Dann legte er ihn dort ab, und der Stein sprach zu ihm, wie Fools Crow es nannte. Gehen wir tiefer in diesen Bericht hinein, dann erfahren wir, dass es natürlich nicht der Stein selbst war, der zu den Medizinleuten sprach, sondern Wakan Tanka, der indianische Gott. Er benutzt alle Steine der Schamanen wie hohle Knochen, als Kanäle also, um zu den Heilern zu sprechen, und um durch sie an der Genesung von Kranken zu arbeiten.

Wie eingangs berichtet, gibt es nichts Totes. Alles schwingt, und so haben auch Steine eine Seele und ein Energiefeld um sich herum, mit dem wir verschmelzen können. Nähern wir uns einem Stein, geht unser Energiefeld in das des Steins über und umgekehrt. Auch unsere geistigen Helfer bestehen aus Energie und können gleichfalls mit dem Stein – und dadurch auch mit uns – eine Einheit bilden. Könnten die Wesen nicht auch ohne die Steine mit uns arbeiten?

Fools Crow erklärt, warum indianische Heiler mit Steinen arbeiten. Er sagt, dass jeder erschaffene Gegenstand eine natürliche Kraft besitzt. Steine haben darüber hinaus auch spirituelle Kräfte. Diese sind aber nicht bei jedem x-beliebigen Geröllklumpen einfach so vorhanden. Sie müssen erst durch Rituale hervorgerufen werden. Und dann wirken sie wie hohle Knochen, durch die die geistige Welt wirkt. Die rituelle Verwendung bringt also die geistige Welt, den Schamanen und den Stein zu einer heilenden Einheit zusammen. Erst diese Einheit verhilft nach indianischem Glauben einem Kranken zur Genesung. Versuchen Sie doch mal, die PR-Methode OHNE Steine anzuwenden. Sie werden sehen: Da fehlt etwas!

STEINE SUCHEN

Der Stein selbst kann freilich nicht kurieren, genauso wenig, wie es der Heiler kann. Beide sind nur Werkzeug der geistigen Welt. Aber der Stein ist ein großartiger Helfer. Deshalb arbeite ich sehr gerne mit Steinen zusammen. Sie sind sehr zuverlässig und funktionieren immer. Allein das Suchen entsprechender Exemplare wird Ihnen richtig Spaß bereiten, wenn Sie mit Eifer an die Sache herangehen. Dazu brauchen Sie keinen Spaten, um tiefe Löcher zu graben. Steine, die wir Schamanen zum Heilen benutzen, finden sich auf der Erdoberfläche.

Wenn Sie am Abend zu Bett gehen, dann nehmen Sie sich doch mal fest vor, am nächsten Tag sieben Steine zu suchen, die in Zukunft ihre Helfer sein sollen. Sieben Steine, für jedes Hauptchakra einen. Sie werden sie brauchen und sehr zu schätzen wissen, wenn Sie mit der PR-Methode arbeiten möchten. Am nächsten Tag bestücken Sie sich mit einer schönen Tasche. Genial wäre natürlich etwas, das sie als Medizinbeutel bezeichnen können und worin Sie die Steine aufbewahren. Solche Utensilien sind nicht nur für eine Heilung von maßgebender Bedeutung. Sie vermitteln uns auch ein gewisses erhebendes Gefühl. Die Schamaninnen der Neuzeit stehen ihren alten Vorbildern in nichts nach. Warum also sollen wir uns nicht selbst ein wenig »den Kick« leisten und uns mit Dingen umgeben, die einfach dazugehören? Das erhebende Gefühl, es »drauf zu haben« wie die Alten, betrügt uns dabei keineswegs.

Hängen Sie sich also ihren Medizinbeutel um, und gehen Sie in die Natur. Sie haben sich am Abend vorher darauf eingestimmt und werden sich nun leiten lassen. Wenn Sie einen Stein sehen, betrachten Sie sich ihn genau. Ist er es, zumindest vom Aussehen her? Wenn ja, dann nehmen Sie ihn auf. Halten Sie ihn in der Hand. Schließen Sie die Augen, und versuchen Sie, sich in ihn hineinzudenken. Halten Sie ihn ans Ohr, unter die Nase und spüren Sie seine Existenz. Wenn es der richtige Stein ist, dann wird er Ihnen sehr bald vertraut vorkommen.

Als ich mich einmal für ein schamanisches Seminar anmeldete, kam mit der Anmeldebestätigung die Aufforderung, unter anderem drei kleine Steine mitzubringen. Mehr wurde nicht gesagt, und so wusste ich nicht wofür. Ein paar Wochen danach weilte ich in Bad Dürkheim, um einem anderen Seminar beizuwohnen. Es war warm, und so entschloss ich mich, am Abend nach dem Kurs im Wald spazieren zu gehen. Der Weg führte einen Berg hinauf, und bald fielen mir rote Steine auf, die für diese Gegend typisch sind. Ich erinnerte mich, dass mir ja noch Steine für das Schamanenseminar fehlten. Also hielt ich die Augen offen. Bald fand ich einen, von dem ich der Meinung war: Das ist einer. Er war rot, fast wie ein Würfel geformt, aber klobig. An diesem Abend fand ich noch zwei weitere Steine, die nicht rot waren und die ich ebenfalls aufsammelte.

Dann fand das Seminar statt. Wir Teilnehmer sollten uns drei Themen ausdenken, die wir im Laufe des Seminars behandelt wissen wollten. Eines dieser Themen bei mir war »Wut«. Wut oder zumindest Ärger über eine bestimmte Situation oder Sache. Als der Seminarleiter dann sagte, wir sollten die drei ausgewählten Themen den drei mitgebrachten Steinen zuordnen, da wusste ich sofort, warum ich den klobigen roten Stein hatte haben wollen. Er stand für die zu behandelnde Wut.

STEINE – HELFER DER SCHAMANEN

Wir arbeiten ein wenig anders mit den Steinen, das heißt, für uns haben sie eine andere Bedeutung. Sie sollen nicht für ein Thema stehen, sondern die sieben Chakren repräsentieren, damit wir mit ihnen arbeiten können. Die sieben Steine, die Sie suchen, sind also dauerhafte Begleiter, was ein wichtiger Grund für die Sorgfalt bei der Suche ist. Deshalb erhalten Sie hier eine kleine Hilfestellung für die Auswahl der Steine.

Das unterste und erste der sieben Chakren ist das *Wurzelchakra*. Ihm wird meistens die Farbe Rot zugeordnet. Dieses

Chakra verbindet uns mit der irdischen Energie. Es wird auch als »Schule des Lebens« bezeichnet und repräsentiert den irdischen Willen. Lebenswille und Fortpflanzung wohnen hier, und es versorgt die Fortpflanzungsorgane. – Wenn Sie einen Stein suchen, der das Wurzelchakra repräsentieren soll, dann denken Sie über die genannten Eigenschaften nach, bevor Sie Ihre Wahl treffen.

Das zweite Chakra sitzt zwei Finger breit unter dem Bauchnabel und soll orange sein. Dieses *Sakralchakra* beherbergt Sinnlichkeit und Sexualität. Darüber hinaus steuert es den Ausscheidungsprozess und ist für das Riechen zuständig. Ausscheidung und Riechen gehören also zum gleichen Energiewirbel. Warum auch nicht! Die inneren Sexualorgane sind ihm zugehörig, und die Läuterung von Körper und Geist wird ihm zugeschrieben. – Auch hier mein Tipp: Bei Ihrer Suche lassen Sie sich am besten vom Gespür für diese Eigenschaften leiten.

Wenn wir eine Stufe höher steigen, bis eine Handbreit über den Bauchnabel, erreichen wir das *Sonnengeflechtchakra.* Es ist vielen Meinungen zufolge goldgelb und reguliert die vitalen Energien, die Verdauungsorgane und ist verantwortlich dafür, dass wir lernen, Eindrücke zu verarbeiten. Das Schmecken, nicht nur mit der Zunge, sondern auch im seelischen Bereich, wird vom Sonnengeflechtchakra gelenkt.

In etwa zwischen den Brustwarzen finden wir das *Herzchakra.* Es dreht sich in grüner Farbe und ist das Zentrum der Liebe. Als Herzchakra ist es natürlich für die Zusammenarbeit von Herz, Kreislauf, Atmung und Thymusdrüse verantwortlich. Darüber hinaus steuert es die Regeneration, Zellteilung und -erhaltung und das Immunsystem, das wiederum Heilung und Körperbildekräfte lenkt. Was, anders als das Fühlen, könnte diesem Chakra zugehörig sein?

Das blaue *Halschakra*, ansässig in der Grube unter dem Kehlkopf, steuert das Bewusstsein. Es gilt als Kreuzungspunkt der polaren Welt. Das heißt, dass diesem Chakra über Akupunkturpunkte, Meridiane und die Organsteuerung Informationen in polaren Gegensätzen zugespielt werden. Außerdem unterstehen ihm Lunge, Lymphe, Speiseröhre und Bronchien, und es versorgt diese Organe mit Energien. Ihm ist außerdem das Sehen zugeordnet.

Das *Stirnchakra* ist vielen auch als das »dritte Auge« bekannt, obwohl das nicht so genau stimmt. Es wird gerne mit der Farbe Violett in Verbindung gebracht und begleitet die Aufgabe, mit dem höheren Geist zu lenken. Es besitzt die Ganzheitssicht, steht für begriffliches Verstehen und die schrittweise Umsetzung desselben. Darüber hinaus steuert es Imagination, Visualisierung, und auch die Kommunikation gehört dazu, denn das Stirnchakra ist auch für das Hören zuständig.

Auf dem höchsten Punkt des Kopfes finden wir das **Scheitelchakra**. Es ist das Tor zur geistigen Welt und fängt das unipolare Licht auf, um es durch den Körper zu leiten. Es steht für Harmonie und Weisheit, ermöglicht außersinnliche Wahrnehmungen und steuert Heilung und Regeneration. Außerdem versorgt es u. a. die Zirbeldrüse und regelt die Gehirnfunktionen. So wie das Wurzelchakra für den irdischen Willen steht, so repräsentiert das Scheitelchakra den göttlichen Willen. Außerdem befinden sich hier nach der PR-Methode die Glaubenssätze.

Nun haben Sie einen groben Überblick über die Aufgaben der Chakren. Er mag Ihnen dabei helfen, die richtigen Steine zu finden. Ist die Sammlung komplett, ist ein wichtiger Teil zur Anwendung der PR-Methode bereits vorhanden. Die Steine müssen nur noch in eine bestimmte Ordnung gebracht werden. Gut ist, wenn sie ihren festen Platz finden, wo sie immer liegen bleiben können, und den der Heiler bequem mit den Händen bedecken kann, ohne schnell zu ermüden. Vielleicht haben Sie ja ein Zimmer frei, in dem ein Tisch sein Dasein fristet? Möglicherweise bauen Sie sich auch eine Tafel auf, mit einem Brett, das auf zwei Holzböcken ruht? Das sind nun zwei Anregungen, und das muss reichen, denn Sie sollen ja selbst aktiv werden.

Ist ein Platz gefunden, dann werden die Steine in einer Linie von links nach rechts aufgereiht, und zwar in der oben beschriebenen Reihenfolge: Wurzelchakra, Sakralchakra, Sonnengeflechtchakra, Herzchakra, Halschakra, Stirnchakra und Scheitelchakra. Diese Reihe bildet ganz grob den Energiekörper des Menschen nach, und daran wird gearbeitet.

RASSELN

Könnte man sagen: Rasseln gehört zum Handwerk? In diesem Falle ja, denn ein solches Werkzeug gehörte schon immer zu den wichtigsten Utensilien der Schamanen. Sie wurde wie die Trommel dazu benutzt, in Trance zu kommen und um die Geister zu rufen. Das Rasseln kann also zu mehreren Zwecken und in verschiedenen Anwendungen eingesetzt werden.

Da die Rassel für schamanisches Arbeiten wichtig ist, nehmen auch wir Neo-Schamanen sie gerne zu Hilfe. Dabei ist es unerheblich, wie sie aussieht und wie groß oder wie teuer sie ist. Alle möglichen Ausführungen können im Internet bestellt werden. Es gibt sie aber auch im Esoterikshop oder im Musikladen. Wenn Sie sich ein solches Teil aussuchen, dann folgen Sie einfach Ihrem Geschmack und der Absicht, wie viel Sie dafür ausgeben möchten.

Die Rassel kann fortwährend geschüttelt oder rhythmisch bewegt werden, womit wir bereits bei der Anwendung sind. Da das rhythmische Bewegen eher dazu geeignet ist, in Trance zu geraten, ist es für dieses Buch uninteressant, denn wir benutzen sie nur, um vor einer Behandlung den heiligen Raum zu öffnen und um ihn danach wieder zu schließen.

Warum öffnen wir einen heiligen Raum? Die Antwort ist schnell gegeben, denn wir arbeiten ja mit geistigen Wesen zusammen, wozu nicht nur unsere Geistführer und Engel gehören. Es werden auch noch andere Kräfte herbeigerufen, nämlich jene der vier Himmelsrichtungen, von Mutter Erde und vom sichtbaren Universum. Das Schütteln der Rassel verursacht offenbar Frequenzen, die von der geistigen Welt gut wahrgenommen werden können. Zusammen mit der Intention zu heilen, ist den Spirits sofort klar, dass sie gebraucht werden, und sie erscheinen ohne Verzögerung, um uns zu helfen. Mit den sechs gerufenen Mächten sind wir rundum abgeschirmt und befinden uns wie in einem Faraday-Käfig, in dem uns nichts und niemand aus dem Jenseits etwas anhaben kann. Außerdem wirken die Kräfte der Himmelsrichtungen, von Mutter Erde und des Universum bei der Heilung mit. Das Ritual wird unten noch ausführlich dargestellt.

DAS PENDEL

Schamanen, die mit ihren Sinnen noch keine Energien erfassen können, begrüßen die Möglichkeit, sie auf andere Weise sichtbar zu machen. Aber auch erfahrene Heilerinnen wissen bestimmte Hilfsmittel immer wieder zu schätzen. Eines dieser Hilfsmittel ist das Pendel. Es kann in jedem Esoterikladen für wenig Geld - schon für 2 oder 3 Euro - erstanden werden. Es gibt natürlich auch teuere Teile mit Goldkettchen und Edelstein, oder es wird selbst eins gebastelt. Alles, was als Faden taugt, kann benutzt werden, und alles, was sich als Gewicht eignet, darf unten dranhängen. Hauptsache, das Pendel gerät in Schwingung, und das funktioniert so:

Das Pendel, wie immer es auch geartet sein mag, hat sein eigenes Energiefeld. Sicherlich ist es nur sehr schwach, aber es existiert. Auch die Hand des Anwenders ist energetisch umspannt. Sobald diese das Pendel erfasst, fließen beide Energien zusammen und werden quasi zu einem Wesen. Das Pendel wird, energetisch betrachtet, zu einem Körperteil des Heilers.

Mithilfe des Pendels werden nun die Chakren-Steine nach Blockaden untersucht. Taucht unser Pendel in eine Blockadensammlung ein, verschmelzen wiederum zwei Energien miteinander. Das Pendel als kleinste Einheit wird von der Blockadenenergie erfasst und bewegt. Damit präsentieren sich uns die Blockaden als kreisförmige, elliptische oder strichförmige Bewegungen.

Zweifler sprechen gerne davon, dass das Unterbewusstsein die Hand des Anwenders so bewegt, dass diese das Pendel zum Rotieren bringt. Ich habe aber schon bei absolut ruhiger Hand Kreisbewegungen gesehen, die an ein Kettenkarussell erinnerten. Prüfen Sie einfach, ob Sie selbst das Pendel bewegen, oder ob da eine Energie vorhanden ist, die die Bewegung verursacht.

DIE RUTE

Ein anderes universelles Test- und Diagnosegerät ist die Rute (s. Abb. 2). Sie besteht aus einem Handgriff, an dem ein Federstab mit Ring befestigt ist. Da eine solche Rute besonders interessant ist und sich für viel mehr eignet als das Ausmessen von Chakren, möchte ich hier ein wenig ausführlicher darauf eingehen. Für ein Experimentierbuch wie dieses ist die Rute geradezu ein gefundenes Fressen. Es gibt sie, wie alle anderen hier erklärten Utensilien, in Esoterikläden und entsprechenden Internetshops zu kaufen.

Zur **allgemeinen Anwendung** brauchen Sie nur zu wissen, dass der Ring der Rute immer senkrecht stehen muss. Er geht mit der zu messenden Energie in Kontakt, entwickelt eine induktionsartige Energie und schwingt

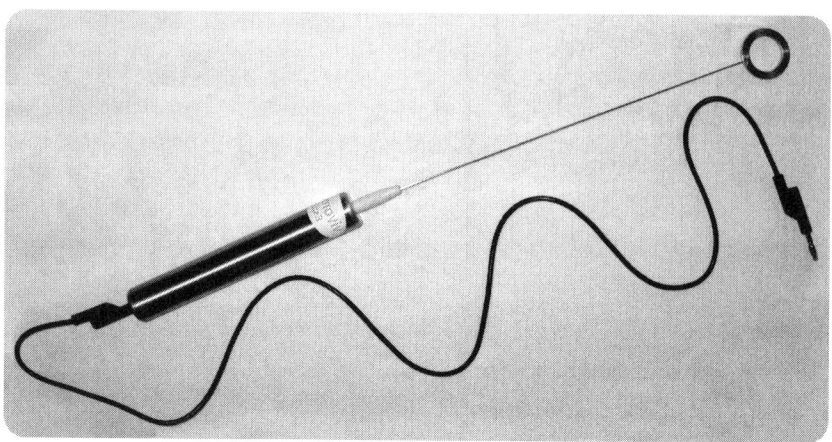

Abb. 2: Rute

in verschiedenen Richtungen. Sie können horizontal, vertikal, kreisförmig und elliptisch sein, oder gar ein Mix aus allem. Eine horizontale (waagerechte) Bewegung zeigt Zustimmung an, ein senkrechter oder vertikaler Ausschlag bedeutet Ablehnung (wie das Haltesignal einer Polizeikelle).

Möchten Sie mit der Rute mal ein wenig spielen, um sich mit ihr vertraut zu machen? Hier ist was Schönes zum Ausprobieren:

Wie wäre es mit einem Nahrungsmittel-, Kosmetik-
oder Medikamententest?

Möchten Sie wissen, ob das Produkt für Sie und in genau diesem Moment geeignet ist? Dann gehen Sie wie folgt vor:

1. Sie nehmen die Rute in die Hand, und halten Sie so, dass der Ring senkrecht steht.

2. Sie legen das zu testende Produkt vor sich auf den Tisch.

3. Nun halten Sie die Rute

a. direkt über das Produkt, oder
b. Sie halten eine Hand etwa 30 Zentimeter neben das
   Produkt und den Ring der Rute dazwischen

Vorsicht, der Ring darf nicht in die Nähe anderer Produkte
kommen!

Auswertung der Messungen

1. Der Ring schlägt waagerecht aus:
   Das Produkt eignet sich. (Ausschlag ca. 15 Zentimeter)

2. Der Ring schlägt senkrecht aus:
   Ihr Energiesystem lehnt es ab. Es gibt Besseres.

3. Der Ring rotiert rechtsherum:
   Das Produkt würde die Plus-Energie erhöhen, z. B. Erregung,
   Verkrampfung, Aggression, Allergie oder entzündliche
   Prozesse

4. Der Ring rotiert linksherum:
   Das Produkt führt zum Abbau von Lebensenergie. Folgen
   könnten sein: Degeneration, Absinken des Blutdrucks, Frösteln,
   Benommenheit.

5. Der Ring wechselt die Richtung:
   Hier mag es Zeiten geben, in denen sich das Produkt besser
   eignet als zu anderen Zeiten.

Rotation beim Austesten bedeutet allgemein, dass das getestete
Produkt absolut ungeeignet ist.

Da die Ausschläge der Rute mit ihren waagerechten, senkrechten, strichförmigen und runden Ausschlägen vielfältige Antworten zulassen und über Ja und Nein weit hinausgehen, eignet sie sich sehr für interessante Einsätze. Sie werden sicher bald feststellen, was Sie alles austesten können.

Ist noch ein Tipp gefällig? Na gut.

Die Hand des Menschen wird von 10 Meridianen durchzogen. Da diese Meridiane biomagnetische Energie transportieren, reagiert eine Rute hier sehr gut auf Gefühle, wenn sie über den Handrücken gehalten wird. Probieren Sie es doch mal aus! Halten Sie die Rute mit senkrechtem Ring über den Handrücken, und denken Sie an eine Person, die Sie sehr mögen. Der Ring wird waagerecht ausschlagen, also Zustimmung äußern. Ist der Ausschlag schön groß und schwingt er fast in Handgröße, dann ist es eine wirklich große Zuneigung. Bei kleineren Ausschlägen ist Ihre innere Ruhe und Gelassenheit gestört. Vielleicht opfern Sie sich zu sehr auf?

Nun denken Sie an jemanden, den Sie gar nicht mögen. Solche Leute soll es auch für uns geben, die mit der geistigen Welt zusammenarbeiten, um anderen Liebe zu schenken und zu heilen. Aber gesetzt den Fall, es gibt jemanden, der es schafft, dass Ihnen durch bloßes Denken an ihn der Kamm schwillt. Schlägt der Ring jetzt nicht senkrecht aus? Doch, nicht wahr? Wenn Sie feinfühlig sind, reicht es schon, wenn die Person, an die Sie nun denken, für eine festere Bindung ungeeignet ist. Sie brauchen also keinen Hass zu entwickeln, um den Test durchzuführen. Unter uns: Wir Schamanen hassen NIEMANDEN. Wir lassen jeden so sein, wie er will, und akzeptieren, dass es alle Formen von Charakteren gibt.

Geht der Ring in eine Kreuzschwingung über, und flippt er hin und her, mal von linksoben nach rechtsunten und dann umgekehrt, so verheißt das nichts Gutes. Krampf, Schmerz, Allergie und Ärger, das gesamte Biofeld reagiert auf die Person. Sie versorgt Sie mit einer recht wechselhaften Stimmung, und diese kann dazu führen, dass Sie irgendwann den Halt verlieren.

Rotiert der Ring rechtsherum, ist die schädigende Energie sehr stark. »Dieser Kerl macht mich verrückt«, mögen Sie vielleicht denken.

Bei Rotation gegen den Uhrzeigersinn handelt es sich um einen »bioenergetischen Vampir«, der Sie von der Müdigkeit bis hin zu Depression und Angst führt.

Wechselt die Kreisbewegung von links nach rechts und umgekehrt, können Sie von Stimmungsschwankungen ausgehen, die diese Person Ihnen verpasst. Das geht von »himmelhoch jauchzend« bis »zu Tode betrübt«.

Sind alle Schwingungen vorhanden, dann wissen Sie einfach nicht, wie Sie mit der Person umgehen sollen.

Wenn gar nichts passiert, und die Rute steht, dann handelt es sich um eine Blockade, ohne dass die Person Sie dafür manipulieren muss. Sie haben einfach keinen Draht zu ihr (s. Abb. 3).

Die nachfolgenden Tests zeigen an, wie jemand zu einer bestimmten Person steht. Dazu wird die Einhandrute über den Handrücken gehalten, während die Testperson an jemanden ihrer Wahl denkt. Dabei schlägt die Rute aus. Die Ausschläge haben folgende Bedeutungen:

 1. Großer Ausschlag in Längsrichtung der Hand bedeutet Harmonie.

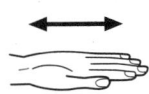 2. Kleine Ausschläge in Längsrichtung der Hand bedeuten, dass die innere Ruhe und Gelassenheit gestört ist. Es besteht eine Belastung durch jemanden, für den man sich freiwillig opfert.

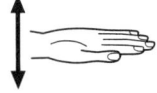 3. Senkrechter Ausschlag zeigt an, dass man sich von einer Person distanziert. Die Person hemmt einen, und zweifellos gibt es bessere Personen für Kontakte dieser Art.

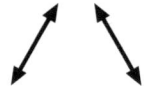

4. Diagonale Schwingungen nach rechts oder links stehen für Schmerz, Krampf und Verspannungen durch die Person. Sie sind die Vorstufe der Kreisbewegungen.

5. Kreuzschwingungen zeigen Krampf, Schmerz, Allergien und Ärger an. Das gesamte Biofeld reagiert auf die Person. Es können völlig wechselhafte Situationen auftreten wie z. B. plötzliche Attacken. Solche Attacken hemmen auf geistiger Ebene. Man verliert den Halt und kann nicht mehr verstehen, was hier vor sich geht.

6. Schlägt die Rute rechtsherum im Kreis aus, ist die schädigende Energie durch die Person sehr stark. Es herrscht ein unterschwelliger Reiz auf das Nervensystem mit einhergehender Fehlsteuerung. Die Verbindung ist geprägt durch aggressive Energien, Manipulationen, im günstigsten Fall durch Ärger. Unruhe und Hyperaktivität können die Folge sein. Aussprüche wie: »Der Kerl macht mich noch wahnsinnig« passen hierzu.

7. Bewegt die Rute sich linksherum, dann zeigt dies an, dass die Person einem die Lebensenergie schwächt. Man fühlt sich ausgenutzt und hintergangen. Die andere Person ist ein bioenergetischer Vampir. Abgeschlagenheit, Depressionen, Angst und der Verlust von Lebensenergie sind die Folgen.

8. Wechselt die Anzeige von Rechtsdrehungen zu Linksdrehungen, zeigt dies von Stimmungsschwankungen – himmelhoch jauchzend, zu Tode betrübt.

9. Ist der Ausschlag Kraut und Rüben, ist alles dabei, dann weiß man nicht, wie man mit der Person umgehen soll.

10. Findet letztendlich gar kein Ausschlag statt, und die Rute bleibt stehen, dann handelt es sich um eine Blockade ohne Manipulation.

Abb. 3: Ausschläge der Rute

DAS RÄUCHERN

Das Räuchern ist nicht nur ein schöner Brauch, der eine gewisse Atmosphäre schafft und obendrein noch erhebend duftet. Es eignet sich zu mehr, als die Anwesenden oder den Schamanen in Stimmung oder Trance zu versetzen. Der sich verteilende Rauch zeichnet sich vor allem durch seine Fähigkeit aus, schlechte oder ungünstige Energien zu neutralisieren, und das ist für uns der eigentliche Zweck.

Die Leiter von schamanischen, geistheilerischen oder ähnlichen Kursen kommen ohne Räucherwerk nicht aus. Wenn die Teilnehmerinnen den Seminarraum betreten, erleben sie ihn ohne Rauch meist als eine kalte Höhle. Niemand kennt den anderen. Alles ist neu, und so igelt sich jeder zunächst einmal ein wie ein Indianer in seine Decke, die eine mehr, der andere weniger. Wenn aber gewisse Düfte den Seminarraum schwängern, wird schon ein gewisses Level an Energie vorgegeben.

Um das genau nachvollziehen zu können, stellen Sie sich doch einfach ein Konzert vor. Jeder, der mit seiner Eintrittskarte Zutritt findet, wird die Musik mögen, die hier gespielt wird, sonst hätte er die Karte nicht gekauft. Auch in diesem Fall kommen viele Leute zusammen, sogar wesentlich mehr als bei einem Seminar, und nicht alle haben die gleiche Stimmung. Sicher schwingen alle irgendwo in einer gewissen Vorfreude, aber jeder hat vorher etwas anderes erlebt, das er ins Konzert mitbringt.

Dann geht's los. Die Stars betreten die Bühne, und wenn sie gut sind, hat das Publikum als Kollektiv schon sehr bald seine privaten Probleme vergessen. Alle Teilnehmer geraten auf ein hohes Niveau positiver Schwingungen.

So ähnlich ist es auch beim Seminar, bei schamanischen Handlungen, bei geistheilerischen Praktiken, im Esoterikshop und überall, wo durch Rauch eine gewisse Grundstimmung erreicht werden soll.

Welches Räuchermittel benutzt wurde, hing zur Zeit der alten Schamanen natürlich davon ab, welcher Kultur sie angehörten. Allen gemein war jedoch das Ziel, den Bewusstseinszustand zu verändern, um feinstoffliche Welten zu bereisen und um zwischen den Welten zu vermitteln. Darüber hinaus wurden Krankheitsdämonen vertrieben und der Zustand eines Kranken ausgeglichen und geheilt. Auch die Götter sollen manche Düfte lieben. Also eignen sie sich auch als Opfergabe und um Dämonen und Götter milde zu stimmen. Den »bösen Blick« abwehren und Heilung finden vervollständigen das Spektrum.

Die zum Räuchern eingesetzten Mittel setzten sich ausnahmslos aus natürlichen Pflanzenteilen zusammen, die von den Schamanen persönlich unter Einhaltung aller Reinheitskriterien gesammelt wurden. Das Pflücken fand im Einklang mit der Natur statt, wobei auch die Mondzyklen eine Rolle spielten. Heute gibt es alle möglichen schamanischen Räucherungen aus allen Kulturen zu kaufen. Berühmt sind Räuchermittel aus dem Himalaya, zum Beispiel:

Sal: Das ist das wichtigste Harz der Schamanen des Himalaya. Es ist sehr aromatisch. Deshalb wird von Sal behauptet, die berauschende Wirkung sei geradezu überwältigend, so dass viele Schamanen damit in tiefe Trance geraten.

Hochgebirgswacholder: Er wird gerne zum Vertreiben ungünstiger Einflüsse bei Heilungszeremonien verwendet. Krankheitsdämonen mögen ihn gar nicht. Sie verkrümeln sich, wenn es dampft.

Maidal: Diese so genannten Traumnüsse werden am Bett geräuchert, um einen festen Schlaf ohne Albträume zu gewährleisten. Ihr herb-harziger, erdiger Geruch hat eine ganzheitlich beruhigende Wirkung.

Franziska Krattinger

Die 7 universellen Gesetze

Spielregeln für ein Leben in Vielfalt

152 Seiten, broschiert
€ (D) 6,95
ISBN 978-3-89845-266-3

Das Leben folgt universellen Gesetzen. Wer diese begreift, kann sich alle Lebensformen, Situationen und Realitäten erklären. Dieses Handbuch vermittelt durch praktische Übungen und gelebte Beispiele aus dem Alltag die entscheidenden Spielregeln für ein Leben in Fülle!

Es zeigt, wie man seine Kraft am besten einsetzt, um seine Ziele stets zu erreichen.

Die beschriebenen Gesetze gelten für alle – und wer sie beherrscht, ist somit Herr über seine Realität.

www.silberschnur.de · E-Mail: bestellung@silberschnur.de **||||||||||| SILBERSCHNUR |||||||||||**

Verlag

»Die Silberschnur« GmbH

Postfach 41

D-56590 Horhausen

Franziska Krattinger

Die 7 universellen Gesetze

Spielregeln für ein Leben in Vielfalt

152 Seiten, broschiert
€ (D) 6,95
ISBN 978-3-89845-266-3

Das Leben folgt universellen Gesetzen. Wer diese begreift, kann sich alle Lebensformen, Situationen und Realitäten erklären. Dieses Handbuch vermittelt durch praktische Übungen und gelebte Beispiele aus dem Alltag die entscheidenden Spielregeln für ein Leben in Fülle!

Es zeigt, wie man seine Kraft am besten einsetzt, um seine Ziele stets zu erreichen.

Die beschriebenen Gesetze gelten für alle – und wer sie beherrscht, ist somit Herr über seine Realität.

www.silberschnur.de · E-Mail: bestellung@silberschnur.de **||||||||||| SILBERSCHNUR |||||||||||**

Verlag

»Die Silberschnur« GmbH

Postfach 41

D-56590 Horhausen

Ja, ich möchte gerne weitere Informationen erhalten.

Bitte senden Sie mir Informationen

○ per E-Mail *oder* ○ per Post

○ zum Verlagsprogramm

○ zu den Novitäten

○ zu Seminaren

Ihr Interesse wird belohnt!

Unter allen Einsendern verlosen wir
monatlich 10 Exemplare
unseres Buchtipps des Monats.

Einsendeschluss ist jeweils der 15. des
laufenden Monats. Die Gewinner
werden schriftlich benachrichtigt,
der Rechtsweg ist ausgeschlossen.

_____
Name, Vorname

_____
Telefon   E-Mail

_____
Straße, Hausnummer

_____
Land, PLZ, Ort   Unterschrift

Ich erkläre mich einverstanden, dass der Verlag »Die Silberschnur« und Kooperationspartner meine Daten zu Direktmarketingzwecken verwenden dürfen.

Ja, ich möchte gerne weitere Informationen erhalten.

Bitte senden Sie mir Informationen

○ per E-Mail *oder* ○ per Post

○ zum Verlagsprogramm

○ zu den Novitäten

○ zu Seminaren

Ihr Interesse wird belohnt!

Unter allen Einsendern verlosen wir
monatlich 10 Exemplare
unseres Buchtipps des Monats.

Einsendeschluss ist jeweils der 15. des
laufenden Monats. Die Gewinner
werden schriftlich benachrichtigt,
der Rechtsweg ist ausgeschlossen.

_____
Name, Vorname

_____
Telefon   E-Mail

_____
Straße, Hausnummer

_____
Land, PLZ, Ort   Unterschrift

Ich erkläre mich einverstanden, dass der Verlag »Die Silberschnur« und Kooperationspartner meine Daten zu Direktmarketingzwecken verwenden dürfen.

Jatamansi: Er ist der Baldrian des Himalaya und verbreitet eine beruhigende Atmosphäre. Jatamansi ist sogar dafür geeignet, Erregungszustände abzumildern. Er fördert die innere Ruhe und die Verankerung im inneren Selbst.

Gokul: Das Harz der Himalaya-Zeder wird von den Göttern besonders geliebt. Der Rauch dieses angenehm duftenden Harzes verbreitet eine emotional ausgeglichene Atmosphäre.

Sicherlich duften diese Hochgebirgsgewächse gut, und allein der Name »Himalaya« hat etwas Erhebendes. Doch den gleichen Zweck erfüllen auch Pflanzen, die die nordamerikanischen Indianer schätzen und die uns in Europa nicht unbekannt sind, zum Beispiel das **Süßgras** (s. Abb. 4). Wir kennen es auch unter dem Namen Marien-, Feen- oder Ziehgras. Einige lange Triebe dieser Pflanze werden zu einem Zopf geflochten, und wenn dieser getrocknet ist, kann er zum Räuchern angefacht und zum Glimmen gebracht werden. Der Rauch duftet süßlich, daher der Name Süßgras. Es kann aber auch gehäckselt und auf glühender Kohle als Räucherung verwendet werden.

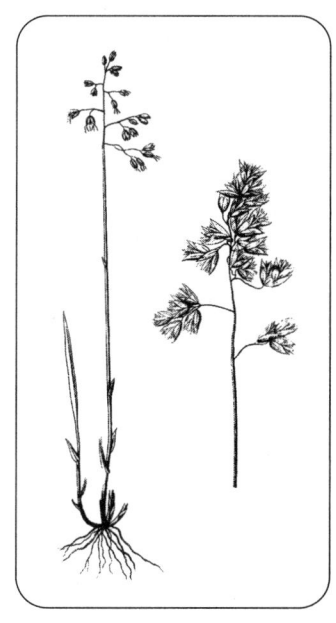

Abb. 4: Süßgras

Der Kreativität sind keine Grenzen gesetzt. Es können Wacholderbeeren gepflückt und Beifußblätter gesammelt werden, die sich nach dem Trocknen zerstoßen als Räuchermittel eignen. Sie können einbringen, was Sie wollen, können mischen und experimentieren, denn es gibt keine festen Regeln, was Sie nehmen dürfen – und was nicht. Achten Sie aber auf jeden Fall darauf, die »Zutaten« im Einklang mit der Natur zu ernten. Wir betreiben keinen Raubbau, denn das würde den Sinn des Räucherns schon zunichte machen, bevor das erste Wölkchen aufsteigt. Wenn Sie es wie die indianischen Medizinleute handhaben möchten, dann besorgen Sie sich Tabak und legen überall, wo Sie etwas sammeln, ein Quäntchen davon ab. Auf diese Weise geben Sie der Natur etwas zurück, und die Energien sind ausgeglichen.

Wenn Sie aus irgendwelchen Gründen keine Möglichkeit haben, selbst zu sammeln, dann stehen Ihnen auf jeden Fall die vielen Esoterikläden zur Verfügung. Dort gibt es alles – vom Stäbchen über Räuchermischungen bis hin zur Kohle, samt den dazugehörigen Utensilien.

Die Praxis des Räucherns

Von den amerikanischen Ureinwohnern ist bekannt, dass sie nicht nur Räume ausräucherten, sondern auch Gegenstände behandelten. So ist die Praxis, einen Süßgraszopf zu entzünden und um die benutzten Utensilien zu schwenken, ein alter Brauch. Da Federn bei manchen Völkern heilig sind, ist deren Einsatz als Rauchverteiler beliebt, denn damit kann der Rauch in alle Himmelsrichtungen oder auf Gegenstände gefächert werden.

Ich selbst benutze oft und gerne ein Räucherstäbchen. Das hat den Grund, dass es länger brennt und über die ganze Zeit einer Behandlung seinen Rauch abgibt. Brennt das Stäbchen, dann nehme ich eine große Feder (alle meine Federn habe ich auf dem Boden gefunden), fächere den Rauch erst nach Osten, dann nach Süden, nach Westen und nach Norden. Danach schicke ich Rauch zur Mutter Erde und zum Universum. Sobald das geschehen ist, räuchere ich meine Steine ab, Pendel und Rute, und danach mich selbst. Wenn das alles geschehen ist, kann die Behandlung beginnen. Hin und wieder entzünde ich auch noch loses Räucherwerk auf Kohlen, um die geistige Welt zu ehren, oder einfach nur für mich, weil es gut riecht und Spaß macht.

Kapitel VI

Die Behandlung

Wie bereits erklärt, funktionieren schamanische Behandlungen und Geistheilungen über große Entfernungen, denn die geistige Welt kennt weder Raum noch Zeit. Darüber hinaus sind wir auf energetischer Ebene eins mit allem, was existiert. Weil das so ist, ist Geistheilung nichts anderes als die Selbstbehandlung »des Einen«.

Alles ist eins wie das Wasser der Meere. Wir können zwar einen Tropfen davon isolieren, ihn als Tropfen bezeichnen, unter das Mikroskop legen, seine Beschaffenheit untersuchen und Abmessungen vornehmen, aber dennoch bleibt er ein Teil des Meeres, in das er wieder vollkommen übergeht, wenn wir in zurückschütten.

Soll ich Sie zum Staunen bringen?

Jetzt gleich? Dann machen Sie mal folgenden Test, der Ihnen eindrucksvoll vor Augen führen wird, wie die geistige Welt mit uns arbeitet, und was Sie mit Ihren Händen alles tun können:

Wir bleiben beim Element Wasser. Füllen Sie bitte ein Glas mit einfachem Leitungswasser, und stellen Sie es zur Seite. Nehmen Sie nun ein zweites Glas, und füllen Sie es ebenfalls. Wenn Sie ein Pendel oder eine Rute über eines der Gläser halten, wird nicht viel passieren; Sie werden bei beiden Gläsern undefinierbare Schwingungen ablesen können. Nichts Prickelndes also.

Nun nehmen Sie eins der Gläser auf, und umschließen Sie es mit beiden Händen. Machen Sie die Augen zu, verbinden Sie sich mit der geistigen Welt und bitten Sie: »Liebe geistige Welt, bitte reichert dieses Wasser mit den Substanzen an, die mein Körper im Moment am Nötigsten braucht.« Sülzen Sie diese Bitte nicht einfach vor sich hin, sondern sprechen Sie mit den Entitäten in der Gewissheit, dass diese Sie hören und mit Ihnen arbeiten werden.

Warten Sie! Beobachten Sie Ihre Hände!

Was spüren Sie in den Händen? Oder gar in den Armen? Tut sich etwas?

Aber ja, selbstverständlich tut sich etwas.

Warten Sie noch ein wenig, vielleicht eine oder zwei Minuten insgesamt, und dann stellen Sie das Glas neben dem zweiten ab. Schauen Sie es sich an. Hat sich am Wasser etwas verändert? Perlt es vielleicht ein wenig?

Nun halten Sie Pendel oder Rute drüber. Was passiert jetzt? Zeigen die Instrumente vielleicht eine Rotation an? Das wäre toll, denn dann hat die geistige Welt Ihr persönliches Heilwasser für Sie gebraut.

Sie glauben das nicht? Nun, dann machen Sie doch mal den Geschmackstest! Probieren Sie das »normale« Leitungswasser, lassen Sie sich den Schluck auf der Zunge zergehen. Fühlen Sie sich ganz hinein in diesen Schluck Wasser. Seien Sie ein kritischer Wassertester. Wie schmeckt es? Hart? Kalkig? Metallisch? Oder weich wie Regenwasser?

Dann probieren Sie Ihr Heilwasser. Na? Wie mundet es? Schmecken Sie den Unterschied?

Das Heilwasser hat nun eine andere Information als das Leitungswasser, aber wenn Sie die beiden Gläser dicht an dicht aneinanderstellen, werden Sie eine viertel Stunde später messen und schmecken können, dass sich die Information durch das Glas hindurch übertragen hat. Schütten Sie einen Schluck des Heilwassers ins zweite Glas, geht es sogar binnen Sekunden, und würden Sie Ihr Heilwasser ins Meer kippen, wäre alles Meerwasser der Welt in einigen Tagen mit dieser Information programmiert.

Sie haben nun erkannt, wie wunderbar die geistige Welt mit uns arbeitet, und das gibt Sicherheit für die Anwendung der PR-Methode. Die geistige Welt steht aber nicht einfach so zur Verfügung, nur weil wir es wollen. Die Spirits lieben Rituale und möchten gefragt werden. Forsches Auftreten (»Leute, da bin ich, es kann losgehen«) ist genauso fehl am Platz wie unterwürfige Demut. Sie brauchen also nicht auf die Knie zu fallen und wie vor einem irdischen König den Kopf zu senken. Aber bevor wir die geistige Welt anrufen, muss der Behandlungsplatz fertig ausgestattet sein.

DAS VORGESPRÄCH

Damit eine Behandlung stattfinden kann, rufe ich den Klienten zum ausgemachten Termin an und lasse mir noch einmal ausführlich erklären, was behandelt werden soll, auch wenn ich es schon weiß. Der Grund ist, dass das Thema so noch einmal ins Bewusstsein geholt und damit präsent gemacht wird. Der Klient beschäftigt sich mit dem, was er gelöst haben möchte und holt es auf diese Weise in seinen Energiekörper. Die mit dem Thema verbundenen Blockaden kommen durch das Gefühl zum Vorschein, und so soll es sein, denn wir wollen sie ja aufstöbern und vernichten. Dann legt sich der Klient hin und beobachtet, was mit ihm passiert. Vorher wird das Telefonat natürlich beendet.

DIE VORBEREITUNG

Sie haben ein Plätzchen ausfindig gemacht und die Steine aufgereiht, so wie es im letzten Kapitel beschrieben wurde? Dann kann es ja losgehen.

Wir sind uns einig, dass die Arbeit mit den Spirits etwas Besonderes ist. Davon gehe ich aus - und Sie sicherlich auch. Aber wenn ich von den Spirits spreche, dann ist damit nicht einfach Gott gemeint oder ein paar Engel, obwohl zum Beispiel Erzengel Raphael DER Heilengel ist. Die indianischen Schamanen halten große Stücke auf die Kräfte der vier Himmelsrichtungen. Um zu heilen, versetzen sie sich in Trance und warten auf Informationen, welche Himmelsrichtung für das Kurieren der gegebenen Krankheit die richtige ist. Haben sie diese Information in Form einer Farbe erhalten, dann richten sie den Stiel ihrer Pfeife dorthin aus und rufen so die Wesenheiten herbei. Ebenso begrüßen sie ihren Gott Wakan Tanka, indem sie den Pfeifenstiel gen Himmel richten. Für Tunkashila, der mit unserem christlichen Jesus verglichen werden kann, senken sie den Stiel ein wenig, und um Mutter Erde zu begrüßen, richten sie ihn zum Boden.

Aus diesen Tatsachen habe ich das Öffnen eines heiligen Raumes abgeleitet, so wie es die Schamanen machen. Dieses Öffnen ist nicht nur eine Zeremonie. Durch die Praxis wird vielmehr ein Durchgang geschaffen vom bewussten Alltag in die Sphären der Unter- und Oberwelt. Dazu werden Kräfte angerufen, die auch unserer modernen Wissenschaft bekannt sind. Die Physik nennt sie Schwerkraft, elektromagnetische Kraft, starke Wechselwirkung und schwache Wechselwirkung, und auch der Lebenscode, die DNS, besteht aus vier Grundeinheiten.

Die Schamanen beziehen sich auf die Kräfte der vier Himmelsrichtungen. Ich persönlich beginne mit der Öffnung des heiligen Raums im Osten und folge dem Lauf der Sonne, auch wenn viele es anders machen. Wenn wir uns aber nach dem Sonnenlauf richten, bezeugen wir gleichzeitig dem Universum unsere Wertschätzung - und damit dem Schöpfer.

In einem vergangenen Leben war ich ein Blackfoot-Indianer und damit dem Volk der Sioux zugehörig. Aus diesem Grund bediene ich mich gerne der dort bekannten Wesenheiten, also Wakan Tanka, Tunkashila und den Kräften der Himmelsrichtungen nach dem Richtungs- und Farbensystem der Sioux.

DAS ÖFFNEN DES HEILIGEN RAUMS

Das Öffnen des heiligen Raums dauert ein paar Minuten und verlängert die Behandlungszeit. Damit die Klientin nach dem Vorgespräch nicht darauf warten muss, kann die Zeremonie auch schon vor dem Telefonat absolviert werden. Bei mehreren Behandlungen reicht es sogar aus, wenn es nur einmal am Tag durchgeführt wird.

Um den heiligen Raum zu öffnen, stelle ich mich auf mit dem Blick nach Osten, wo die Sonne ihren Lauf beginnt. Ich erhebe meine Rassel, blase in die Luft und sage:

An die Kräfte des Ostens und den Steinadler, der in den alles überragenden Bergen wohnt. Lasst uns in Vergangenheit und Zukunft blicken, damit wir die Vision unseres Lebens erkennen und unser Lebensziel erreichen.
Dann rassele ich wieder und sage: *Hoh!*

Ich drehe mich nach Süden, wohin die Sonne ihren Lauf nimmt, erhebe erneut meine Rassel, blase in diese Richtung und sage:

An die Kräfte des Südens und den weißen Kranich, der zwischen Himmel und Erde vermittelt. Ihr seid die Quelle der Erneuerung. Wir werden in die Welt geboren, um zu wachsen. Bitte zeigt uns Wege zur Erfüllung unserer Vision. Mit euch ist alles möglich, und alles kann erreicht werden.
Ich rassle wieder und sage: *Hoh!*

Nachdem ich nach Westen gerasselt und dorthin geblasen habe, wo die Sonne untergeht, sage ich:

An die Kräfte des Westens und den Schwarzen Adler, der über dem Wasser schwebt. Bitte reinigt unseren Geist, damit wir klare Gedanken fassen, so klar wie die Luft nach einem Gewitterregen. Möge es unsere Intuition und Intention stärken und den Frieden in und unter uns nähren.
Hoh!

Danach rassle und blase ich nach Norden und spreche aus:

An die Kräfte des Nordens und den Weißkopfadler. Bitte verbindet uns mit der Weisheit unserer Ahnen, und lasst uns von deren Erfahrungen lernen. Ehre sei ihnen und allen, die nach uns kommen. Möge alles im Gleichgewicht sein.
Hoh!

Nun knie ich mich hin, berühre Mutter Erde, rassle, blase und spreche mit ihr:

Mutter Erde, wir sind alle eins. Bitte lass uns erkennen, dass wir für all deine Kinder verantwortlich sind: für die Tiere, die Pflanzen und die Steine. Lass uns in Ehrfurcht auf dir wandeln, und erinnere uns stets daran, Sorgfalt zu üben. Vielen Dank, dass du uns ernährst.
Hoh!

Nun beende ich das Öffnen des heiligen Raumes dort, wo ich begonnen habe, nämlich beim Universum. Ich richte mich auf, rassle, blase in die Höhe und sage:

Vater Sonne, Großmutter Mond und alle Sterne, bitte richtet unseren Blick auf die Weite des Raums, den wir auch in uns haben.

Unendliches Universum, bitte versorge uns mit dem Urvertrauen,
damit wir unseren Lebensweg finden und gehen.
Hoh!

DAS ABRÄUCHERN

Wenn wir Gott, seine Helfer und die Wesenheiten der Himmelsrichtungen gerufen haben, dann ist das Tor zur Anderswelt weit geöffnet. Nun
sind wir geschützt durch die heiligen Mächte, und ich kann mit den Vor-
bereitungen fortfahren, indem ich alles abräuchere, wie im vorigen Kapitel
beschrieben. Dazu fächere ich den Rauch in alle Himmelsrichtungen, zur
Erde und zum Himmel. Dann räuchere ich alle Steine und Gebrauchsge-
genstände ab und zum Schluss mich selbst.

DAS BEGRÜSSEN DER GEISTIGEN WELT

Wer heilt und das mit großer Hingabe verrichtet, dem ist auch bewusst,
dass er es nicht selbst ist, der die Erfolge erzielt. Indianische Schamanen
bezeichnen sich daher als »hohle Knochen«, durch die die Kraft Wakan
Tankas, Tunkashilas und der Helfer fließt. Andere sehen sich als Röhre,
aber allen gemein ist die Überzeugung, dass wir Heiler nur ein Kanal sind,
durch den die Spirits wirken. Wir können also nicht einfach loslegen, als
wollten wir ein Brett an die Wand dübeln.

Vor Jahren erhielt ich eine Durchsage von meinem Geistführer, dem
Erzengel Raphael. Sie ging einher mit einem Geschenk, denn er aktivierte
meine Hände zum Heilen. Es kribbelte und pochte, und ich wusste, dass
es wirklich geschah. Es war so intensiv, dass es mir heute gegeben ist, auch
anderen Menschen die Hände zum Heilen vorzubereiten, zum Beispiel in
meinen Kursen.

Als das Gefühl verebbte, sagte er zu mir: »Jetzt bist du als Heiler gerüstet. Es ist eine große Ehre für dich. Aber tue es niemals, ohne Gott vorher zu bitten, als Kanal arbeiten zu dürfen.« Er legte mir sogar ein Gebet ins Gedächtnis, und so bete ich vor jeder Behandlung:

*»Wakan Tanka, Tunkashila, Raphael und alle Helfer, bitte lasst
eure liebende, wärmende und heilende Kraft durch mich fließen.
Und bitte, lasst mich diese Kraft weitergeben, um meiner Klientin
zu helfen, ihr Leiden zu kurieren.«*

Ich rufe gerne Wakan Tanka an, weil ich in einem anderen Leben ein Sioux-Indianer war und weil auch einer meiner Geistführer als indianischer Schamane auftritt. Jeder kann aber anrufen, wen er möchte. Sie können Ihren Heilungswunsch an Gott adressieren, oder wenn Sie keinen Namen nennen möchten, einfach nur an die geistige Welt. Fragen Sie Ihr höheres Selbst, mit wem Sie zusammenarbeiten sollen, und folgen Sie Ihrer Eingebung.

Wenn ich die geistige Welt darum bitte, durch mich zu wirken, dann personifiziere ich den zu Behandelnden und dessen Problem. So sage ich also nicht »Klientin«, sondern zum Beispiel Maria, und dazu betone ich auch das beim Vorgespräch beschriebene Anliegen genau, um ihm noch einmal Energie zu geben.

BEGRÜSSUNG DES KLIENTEN

Vor Ihnen präsentieren sich sieben Steine, die darauf warten, behandelt zu werden. Natürlich sind es aber nicht die Steine, die Genesung suchen, sondern Ihr Klient. Wenn Sie also mit Pendel, Rute, Händen oder visuell nachprüfen, ob dieser jetzt vor Ihnen liegt, werden Sie mitunter enttäuscht sein, denn da ist nichts - außer den Steinen eben. Deshalb laden wir den Klienten dazu ein, sich behandeln zu lassen. Einfach zu sagen:

»Wenn du gesund werden willst, dann komm her. Und beeil dich, ich hab nicht ewig Zeit«, wäre allerdings unhöflich sowie der Sache kaum dienlich.

Wie reagieren Sie, wenn Sie aus dem Haus gehen und einem Nachbarn begegnen, der Sie freundlich anlächelt und »Guten Morgen« sagt? Sie nehmen das Lächeln auf und tragen es weiter, nicht wahr? Zumindest für ein paar Minuten sind Sie von positiver Energie erfüllt. Sie mag auch noch spürbar sein, wenn Sie einen Laden betreten und das Lächeln weiterreichen, verbunden mit einem herzlichen »Hallo«. Auch am Bahnhof oder auf der Straße und später am Arbeitsplatz sind entsprechend freundliche Gesten ein Energiespender. Warum soll es hier nun anders sein? Also, lassen Sie uns die Klientin doch freundlich einladen. Vielleicht heißt sie Maria, und sie hat Magenschmerzen?

Wie wir bereits gesehen haben, besteht unsere Existenz nicht nur aus dem physischen Körper. Die Hierarchie heißt Seele, Geist und Körper, und diese lade ich ein, indem ich die Hände ausbreite und sage: »Liebe Seele, lieber Geist und lieber Körper von Maria, ich möchte euch Liebe und Heilung geben. Bitte nehmt auf meinem Tisch Platz, damit ich eure Magenschmerzen behandeln kann.«

Wenn Sie energiesichtig sind, werden Sie augenblicklich ein diffuses Flimmern über den Steinen erkennen. Da der Energiekörper nun also anwesend ist, können wir mit unserem Job loslegen – fast jedenfalls, denn eine Kleinigkeit fehlt noch.

DAS ACHTE CHAKRA AUSBREITEN

Südamerikanische Schamanen gehen von mehr als nur sieben Hauptchakren aus. Sie kennen mindestens neun. Für uns ist an dieser Stelle das achte Chakra interessant. Es strahlt einige Zentimeter über dem Kopf und wird auf Bildern gerne als Heiligenschein gezeigt. Andere Quellen sprechen davon, dass dies die Seele sei.

Wir breiten unser achtes Chakra über dem Energiekörper des Klienten aus, indem wir die Hände wie zum Beten vor der Brust zusammenführen. Dann lenken wir sie nach oben, tauchen in unser achtes Chakra ein und erweitern es über dem Klienten, indem wir die Hände seitlich auseinanderziehen, über die Steine lenken und dann nach unten führen. Es ist in etwa so, als hätten wir eine große, dehnbare Mütze auf, die wir über den Behandlungsplatz stülpen. Damit haben wir unsere leuchtende Sonne über dem Klienten ausgebreitet. Sein Energiekörper ist nun geschützt. Wir befinden uns in einem seelenumhüllten Raum.

AUFRUFEN DER ZU BEHANDELNDEN CHAKREN

Das Besondere an der PR-Methode ist, dass wir uns nicht einfach den kompletten Energiekörper mit all seinen Blockaden anzeigen lassen. In diesem Fall wären wir nämlich aufgefordert, die lästigen Energien erst mühsam ausfindig zu machen, um sie anschließend zu löschen. Selbst wenn wir nur Blockaden angezeigt bekämen, und zwar alle, die sich gerade im Energiekostüm des Klienten tummeln, wäre uns nicht sehr geholfen. Daher lasse ich die geistige Welt entscheiden, wie sie vorgehen möchte. Meiner Erfahrung nach bekomme ich immer so viele Blockaden präsentiert, wie ich innerhalb von 40 bis 70 Minuten behandeln kann.

Es geht aber nicht um mich oder um die Menge von Störungen, die ich behandeln kann. Es geht um den Klienten und darum, was für ihn gut und erträglich ist. Ruhiges Liegen kann sehr mühsam werden, wenn es eine gewisse Zeitspanne übersteigt, vor allem wenn dabei Schmerzen auftreten. Also bitte ich die geistige Welt:

»Bitte zeigt mir die Chakren an, die ihr bezüglich Marias Magenschmerzen behandeln möchtet.«

Die Antwort folgt sofort. Nehmen Sie also ein Pendel, eine Rute oder – wenn Sie sich sicher genug fühlen – einfach Ihre Hände, und prüfen Sie die Chakren, indem Sie Ihr Werkzeug zwei Fingerbreit über den Stein halten. Beginnen Sie am Wurzelchakra. Wenn Sie mit Pendel oder Rute arbeiten, dann kann es einige Sekunden dauern, bis ein Ausschlag zu verzeichnen ist.

Die Anzeige muss klar und unmissverständlich sein. Kreuz und quer und hin und her ist keine Blockade. Schlechte Energien werden uns als Kreise, horizontale, vertikale oder elliptische Schwingungen angezeigt. Hat das Chakra mehrere Blockaden zu bieten, können diese Figuren auch nacheinander präsentiert werden. Wenn Sie Ihre Hände sensibilisieren möchten, können Sie die Steine erst befühlen und sich hinterher mit einem Utensil vergewissern, ob Sie die Blockaden richtig spürten.

Es kann sein, dass es 10 oder 15 Sekunden dauert, bis es zu einem Ausschlag kommt, und manchmal schwingt das Teil nur zaghaft. Dann warten Sie darauf, dass die Schwingung stärker wird, oder bitten Sie darum. Vielleicht spüren Sie eine Tendenz auch schon in den Händen und wissen: Aha, hier passiert was.

Eine einfache Regel lautet: kleine Schwingung, kleine Blockaden. Wenn die Messgeräte aber kräftig ausschlagen, dann steckt da auch ein schöner fetter Brocken drin.

DIE BLOCKADEN BEHANDELN

Wie viele Steine haben Sie gefunden? Drei? Vier? Fünf? Oder nur einen? Jede Kombination und Menge ist möglich. Nun beginne ich mit dem untersten gezeigten Chakra und lasse mir von der geistigen Welt anzeigen, wie viele Blockaden hier behandelt werden sollen. Block und Bleistift liegen bereit, damit ich mir alles notieren kann. Schließlich wird die Klientin später wissen wollen, was wir gesehen haben.

Vielleicht bekommen Sie als erstes blockiertes Chakra das Sonnengeflechtchakra angezeigt? Dann behandeln Sie dieses auch als Erstes, indem Sie Ihre Hände darüberhalten, als wollten Sie sie am Feuer wärmen. Sprechen Sie mit der geistigen Welt. Treten Sie in ständige Kommunikation. Es handelt sich um eine Zusammenarbeit.

Schließen Sie die Augen, und spüren Sie in die Hände hinein. Was fühlen Sie? Kribbeln? Schwere? Etwas Pelziges? Wärme? Kälte? Oder gar nichts?

Vielleicht wabert es auch hin und her, oder auf und ab? Alles, was sich ungleichmäßig anfühlt, ist Blockade. Wenn Sie nichts fühlen, dann kann der Klient nicht loslassen. Aus irgendwelchen Gründen möchte er seine Blockaden behalten. Sprechen Sie mit ihm. Sagen Sie:

»Liebe Seele, lieber Geist und lieber Körper von Maria, öffnet euch komplett, und lasst die Blockade frei. Lasst los, ihr braucht sie nicht mehr.«

Was fühlen Sie nun? Noch nicht genug? Dann feuern Sie sie an. Es ist wie eine Geburt. Die Blockade will geboren und aus dem Leib der Klientin entfernt werden. Erst wenn sich Ihre beiden Hände gleich anfühlen und von den Fingerspitzen bis zum Handgelenk angenehm warm kribbeln, ist die erste Blockade entfernt. Um sicherzugehen, können Sie die geistige Welt befragen und dazu Rute oder Pendel zu Hilfe nehmen. Sie werden Ihnen schon sagen, ob es reicht, oder ob Sie weitermachen sollen.

Was haben Sie sonst noch wahrgenommen? Schmerzen? Geräusche? Bilder oder Gefühle? All das gehört dazu und kommt durch die Energie der Blockade zustande. Notieren Sie, was Sie wahrnehmen, und erst wenn alles zu dieser Blockade erfasst ist, schreiten Sie weiter zur nächsten. Sind in diesem Chakra keine Blockaden mehr vorhanden, dann - und erst dann! - knöpfen Sie sich das nächste vor.

Als letztes Chakra wird Ihnen sicherlich das Kronenchakra präsentiert. Es unterscheidet sich von den anderen insofern, dass hier die Glaubenssätze aufbewahrt werden. Auch das sind Blockaden, und sie werden genauso gelöscht wie die anderen.

Wenn Sie einen Glaubenssatz löschen, dann hören Sie in sich hinein. Versuchen Sie, den Wortlaut zu erfahren und durch welche neue Information er ersetzt werden soll. Bitten Sie nun die geistige Welt, diese neue Information zu programmieren.

Verabschiedung

Sind alle Blockaden entfernt, schließen wir zunächst das achte Chakra. Wir halten die Hände links und rechts neben die Steinreihe, führen sie über unseren Kopf, wo wir sie wie zum Beten aneinanderlegen, und ziehen sie wieder nach unten zur Brust. Damit haben wir die vorher ausgebreitete Mütze wieder aufgezogen. Die betenden Hände lassen Sie vor der Brust ruhen. Verabschieden Sie die Klientin mit den Worten:

»Liebe Seele, lieber Geist und lieber Körper von Maria. Ich danke euch, dass ihr diese Behandlung angenommen habt, und verabschiede euch nun. Danke, danke, danke.«

Natürlich verabschieden wir uns auch von der geistigen Welt:

»Wakan Tanka, Tunkashila, Raphael und alle Helfer, ich danke euch von ganzem Herzen, dass ich für euch als hohler Knochen arbeiten durfte bei der Heilung von Maria. Danke, danke, danke.«

Wenn an diesem Tag keine weiteren Behandlungen mehr folgen, wird auch der heilige Raum wieder geschlossen. Dazu rassle ich zuerst nach Osten, blase in diese Richtung und sage:

»*Vielen Dank, ihr Kräfte des Ostens, dass ihr den heiligen Raum geöffnet habt.*«

Ich rassle noch einmal, sage »Hoh« und wende mich nach Süden. Ich bedanke mich bei allen Himmelsrichtungen, der Mutter Erde und dem Universum und beende so meine Tätigkeit.

DAS NACHGESPRÄCH

Erst wenn alle gezeigten Blockaden entfernt und die beschriebene Verabschiedung durchgeführt wurden, ist der Job für heute erledigt. Ich rufe den Klienten an und lasse mir erzählen, was er während der Behandlung erlebt hat. Die wenigsten haben nichts gespürt, gefühlt, gesehen oder gehört, aber die weitaus größere Zahl wird von Schmerzen, einem Pieksen, Ju-cken, Kribbeln, Brennen, von Bildern und Geräuschen berichten, vielleicht sogar von Ängsten und Panik. Die Intensität der Erfahrungen hängt von der Schwere der Blockaden ab. Oft lassen sich identische Erlebnisse von Klient und Heiler ausmachen, aber auch wenn sie sehr verschieden sind, können sie meist inhaltlich verglichen werden.

Notieren Sie sich auch, was die Klientin erlebt hat, denn in der Regel werden weitere Behandlungen folgen, bis keine Blockade mehr auftaucht. Die Auswertung der Aufzeichnungen ergibt am Ende oft überraschende Einsichten.

KURSE

Die oben beschriebene Vorgehensweise gibt die Grundessenz der PR-Methode wieder. In meinen Kursen wird jedoch noch viel mehr gelehrt, als hier beschrieben werden kann. Auch wenn Sie mit den Basiskenntnissen schon gute Erfolge erzielen können, wird eine gezielte Ausbildung diese um ein Vielfaches bereichern. Da bekommen Sie gezeigt, wie Sie neue Glaubenssätze ins siebte Chakra förmlich einbrennen können. Sie lernen, wie noch weitere Blockaden aufgestöbert werden, wo das Archiv für traumatische Erlebnisse sitzt und wie es behandelt werden kann. Auch verlorene Seelenanteile können zurückgeholt werden. Sie lernen, wie selbst die hartnäckigsten Blockaden effektvoll, nachhaltig und restlos beseitigt werden. Darüber hinaus können Sie Ihre Hände praktisch auf Knopfdruck energetisieren. Damit schalten Sie vor der Behandlung so richtig den Turbo ein. Solche Dinge können aber nur in Kursen gelehrt werden, denn dazu bedarf es gezielter Meditationen.

DAS UNIVERSUM ALS PARTNER

Das Universum arbeitet gerne mit uns. Da alles eins und eine Trennung nicht wirklich möglich ist, hat es ein starkes Interesse an vollkommener Gesundheit. »Ist die Katze gesund, freut sich der Mensch«, heißt es in einer Werbung für Katzennahrung vergangener Tage. Die Aussage hat aber einen gewissen Sinn, der sich auf das Universum übertragen lässt. »Ist der Mensch gesund, freut sich Alles-was-ist«, könnte es demnach auch heißen. Der Grundsatz »Wenn du leidest, dann vermehrst du das Leiden der Welt« wird damit umgekehrt. Vollkommene Gesundheit, nicht nur die der Menschen, sondern auch die der Tiere, Pflanzen, unserer Mutter Erde, ja des ganzen Universums, ist das Ziel Gottes.

Es kommt nicht von ungefähr, dass immer mehr geistige Heilpraktiken entstehen. Die eine arbeitet lieber mit Reiki, der nächste mit Geistheilung, jemand anderes mit einer der zahllosen schamanischen Praktiken, und es kommen immer wieder neue hinzu. Da das so ist, bekommen die unterschiedlichsten Menschen Gelegenheit, das für sie Richtige auszusuchen. Alles, was ich gelernt habe, konnte ich anwenden und kann es immer noch, aber ich hatte immer das Gefühl, dass es nicht »meins« ist, dass etwas fehlt, anders gemacht werden müsste. Nie wäre ich auf die Idee gekommen, selbst etwas zu entwickeln. Dazu war mir die Anwendung geistheilerischer Fähigkeiten »zu heilig«. Ich konnte mir noch nicht einmal vorstellen, dass – und wenn doch: wo – ich etwas verändern sollte. Meines Erachtens gab es ja schon alles. Und doch kam mir mit einem Mal die Idee zur PR-Methode. Plötzlich war das Schamanische gar nicht mehr so mystisch, das Geistheilen nicht mehr so heilig.

Vielleicht bewundern Sie Wissenschaftler, die im Mikrokosmos auf immer neue Erkenntnisse stoßen. Vielleicht finden Sie es unglaublich, dass es in Wirklichkeit gar keine Materie gibt? Oder finden Sie die Erkenntnisse der Biologen, die sich mit Gentechnik und der DNA befassen, um ihre eigenen Wesen zu züchten, alltäglich? Alles, was wir nicht genau kennen, was wir nicht verstehen und worunter wir uns nichts vorstellen können, ist zunächst einmal mystisch. Aber das Thema verliert sofort an Mystik, wenn wir uns damit befassen und es verstehen.

Die geistige Welt arbeitet also gerne mit uns zusammen, sonst würde sie uns nicht mit so vielfältigen Methoden bekannt machen, wie wir Mensch, Tier, Pflanze und Mutter Erde helfen können. Es genügt ihr aber nicht, uns nur die Methode zu liefern, nein, sie schickt uns auch die richtigen Klienten, die für unsere Fertigkeiten empfänglich sind und damit geheilt werden können.

Dass meine erste Kundin, Waltraud aus Sinsheim, zu mir gelangte, ist schon beachtlich. Wie sie mit mir in Kontakt kam, ist fast unglaublich, und wieso ich sie nun überhaupt kenne, das ist ein Wunder. Dazu eine kleine Geschichte, damit Sie nachvollziehen können, auf welch geheimnisvollen Pfaden das Universum die Wege bereitet.

Vor drei Jahren bekam ich plötzlich Lust darauf, mit Kursen über Lichtarbeit Geld zu verdienen. Also setzte ich eine Chiffre-Anzeige im Frankfurter Raum auf, in der ich Menschen suchte, die die gleiche Ambition hatten. Der Ansturm auf meine Anzeige war so überwältigend, dass ich auch heute noch genau weiß, wie viele Interessenten sich meldeten und wie sie hießen. Ich bekam sage und schreibe EINE Zuschrift. Klasse, was? Als ich das Schreiben öffnete, wunderte ich mich ein zweites Mal, denn es war Margit, eine Jahrgangskameradin aus dem gleichen Ort, die hier eine Heilerpraxis führt. (Unter www.geistreise.onlinhome.de können Sie unsere heutige »Gemeinschaftspraxis« einsehen.) Diese einzige Zuschrift aus meinem Wohnort ist wirklich erstaunlich, denn der Frankfurter Raum, in dem ich die Anzeige schaltete, ist schlappe 70 Kilometer von uns entfernt. Als ich mit ihr Kontakt aufnahm, blieb es nicht aus, dass ich mich ein drittes Mal wunderte, denn sie sagte mir, dass nur ein einziges Wort in meiner Anzeige sie zur Kontaktaufnahme bewegt hatte: Lichtarbeit.

So! Nun saßen wir also zusammen. Das Treffen verursachte nicht den geringsten Umweltschaden, denn ich konnte sie zu Fuß in ihren Räumen besuchen; sie wohnt quasi um die Ecke. Es verschwendete auch keine anderen Energien, noch nicht einmal Atemluft, denn im Grunde wusste ich gar nicht, was ich sagen sollte. Mir wurde klar, dass ich gar kein Konzept hatte und nur darauf gehofft hatte, Leute mit Ideen zu finden. So behandelte ich Margit mit Geistreisen, Organsprache-Therapie und Geistheilung, und sie revanchierte sich bei mir mit Vitametik und der EMF-Methode. Immerhin hatte auch sie schon mit dem Gedanken gespielt, Kurse zu halten, allein ihr fehlten die Ideen. So ging die Zeit dahin, und nichts tat sich. Hin und wieder unterhielten wir uns über Arthrose. Mein Knie schmerzte, und Margit meinte, so etwas sei nur die Folge von Muskelverspannungen und daher mit Vitametik heilbar.

Dann – im März 2008 – erschloss sich mir die PR-Methode. Ich war begeistert und schlug Margit vor, eine Testreihe zu fahren. »Wir suchen uns Probanden und arbeiten gemeinsam an ihnen«, schlug ich vor. Meine Idee war es, dass Margit die Kandidaten mit Vitametik behandelte... und ich wollte es mit der PR-Methode versuchen. Auf diese Weise sollte eine Arthrose geheilt werden können. Das sah Margit auch so.

Schon wenige Tage später kontaktierte mich Margit und sagte: »Ich habe eine Testperson für dich.« Diese wohnte aber so weit weg, dass eine Doppelbehandlung nicht in Frage kam. Waltraud residiert im Kraichgau, und zwischen uns liegt eine Distanz von ca. 250 Kilometern. »Du musst es also alleine machen«, meinte Margit. Kein Problem, dachte ich, denn die PR-Methode ist ja eine Fernheilmethode. Ich rief Waltraud an, und sie eröffnete mir, dass sie seit der Geburt ein Hüftleiden mit sich herumschleppte. Letztendlich hat die Fehlstellung der Knochen auch zur Arthrose geführt. In den letzten 15 Jahren hat sie mit allen möglichen (nichtmedizinischen) Heilmethoden experimentiert. Nichts hatte wirklich geholfen, aber ein künstliches Kniegelenk wollte sie soweit rauszögern wie möglich. Da sie im Juni 2008 zum Venusfest nach Österreich wollte, und zwar mit der Möglichkeit, wandern zu können, wünschte sie sich bis dahin eine Lösung.

Waltraud führt einen Edelsteinladen und arbeitet auf anderen Ebenen ebenso wie ich eng mit der geistigen Welt zusammen. In ihrer Verzweiflung sagte sie zu den Spirits: »Ich habe es satt. Bitte lasst euch was einfallen.« Schon ein paar Tage später rief ich sie an, und sie wurde meine erste – und einzige – Testperson, jedenfalls was das Thema Arthrose betrifft. Dass ihre Tochter Kerstin seit dem sechsten Lebensjahr an »unheilbarer« Diabetes 1 leidet und von mir behandelt wurde, ist eine Zugabe der geistigen Welt – eine sehr hilfreiche und zufrieden stellende für Kerstin. Mehr dazu können Sie bei den Fallbeispielen finden, denn beide haben sich bereit erklärt, dass ihre Namen veröffentlicht werden.

Kapitel VII

Energieblockaden – Schwarze Löcher im lichtvollen Kostüm unseres Seins

Wir wissen bereits, dass unser Dasein nicht allein vom sichtbaren Körper getragen wird. Auch Geistkörper und Seele sind Teile unserer Existenz. Sie drücken sich nur auf einer anderen Schwingungsebene aus. Aber egal, von welchem Körper die Rede ist, sie alle können Blessuren erleiden.

Nicht nur die Haut wird nach einem Faustschlag aufs Auge in farbenfrohen Nuancen schimmern, auch Aura und Chakren, die in reinem Zustand ein Zusammenspiel von Licht und Farben sind und unsere Lebensenergie wiedergeben, bekommen durch (Schicksals-)Schläge dunkle Flecken. Farbliche Veränderungen im Fleisch heilen meist schnell und schmerzen schon nach wenigen Tagen nicht mehr. Schauen wir uns aber den Geistkörper an, sieht das alles ein wenig anders aus.

Nur Erleuchtete können sich in einem fast weißen Seelenkleid präsentieren. Eine Existenz so ganz ohne »Blessuren« ist allerdings auch bei solchen Menschen undenkbar. Die meisten von uns sehen - energetisch betrachtet - wie weiße Laken aus, die ein paar Schüsse mit der Schrotflinte auf sich lenken konnten. In diesem Laken, der Aura, fristen nämlich schwarze Löcher ein unscheinbares Dasein. Mit ihren großen Brüdern im Universum haben sie gemein, dass sie sich durch unstillbaren Hunger nach mehr auszeichnen. Sie sind immerzu auf der Suche nach Nahrung, verschlingen die Happen gierig und vergrößern sich dadurch. Diese Nahrung besteht, gelinde ausgedrückt, aus unliebsamen Situationen. Natürlich wollen wir uns alle davon befreien, und so stellt sich die Frage: Wie kommt es zu diesen Müll-Magneten? Haben wir sie vielleicht schon von Geburt an?

Wenn wir geboren werden, sind wir relativ rein, und ist die Geburt gut und komplikationslos verlaufen, erfreut sich die neue Erdenbürgerin eines strahlenden Geistkörpers. Wer sich aber 24 Stunden lang richtig quälen musste, um endlich die Kälte des Kreißsaals zu spüren, büßte für diese Anstrengung womöglich ein Stück Licht ein. Irgendwo im Geistkörper gibt es nämlich eine Schublade für die Lebensenergie, die zum Beispiel dafür reserviert ist, etwas zu erreichen.

Nun hat das Unterbewusstsein unseres Beispielkindes durch den langen Geburtsvorgang gelernt, dass »etwas erreichen zu müssen« mit Warterei und Mühsal verbunden ist, und das hat keinen Spaß gemacht. »So was mache ich nicht noch mal mit«, sagt es sich daher. »Diese Quälerei geht einem ja auf den Keks.« So wird diese Schublade schon in den ersten Lebensminuten schwarz markiert – nicht mehr aufmachen. Anders ausgedrückt: Die Stelle im Lichtkostüm wird vom Leben separiert.

Das Lichtkostüm können wir uns wie ein Gewand aus zahlreichen kleinen Birnchen vorstellen. Vielleicht kennen Sie die Gestalt des elektrischen Cowboys aus Las Vegas? Eines der Birnchen wird mit schwarzem Lack bepinselt, und das Erlebnis selbst kommt als Film ins Archiv, zusammen mit dem Gefühl, das dabei auftrat.

So ein schwarzes Loch ist keineswegs ein Nichts, sondern Energie, wenn auch blockierende. Und genau wie Lichtenergie saugt dieses dunkle Sein entsprechend seiner Beschaffenheit Erfahrungen an. Es sucht Situationen, die mit ihm in Resonanz gehen, und zwar immer dann, wenn es die Gelegenheit dazu gibt. Das oben genannte Beispiel hat das Thema: »Etwas erreichen zu wollen ist mühsam.«

Drei Jahre später: Unser Kind besucht den Kindergarten. Die Erzieherin hat Kuchen gebacken, und für jeden ist ein Stück da. »Stellt euch in einer Reihe auf«, sagt sie. »Und nicht drängeln.« Die Lebensenergie mit der Information »Genug Kraft aufwenden, um etwas Wichtiges zu erreichen« ist bei diesem Beispielkind blockiert. Stattdessen pocht das schwarze Loch. Es sucht Nahrung und findet, das mit dem Kuchen sei eine gute Gelegenheit, sich zu mästen. Die Kinder stellen sich in einer Reihe auf, aber unser Heimchen schafft es nur ins hintere Viertel der Warteschlange, nach dem Motto: Gut Ding braucht Weile.

Vorne geht es nicht weiter. Warum nicht? Das Kind wird ungeduldig, zappelig. Es tänzelt von einem Bein aufs andere, fragt den Vordermann: »Darf ich vor dich?« Dieser Ignorant hat für solche Anliegen kein Verständnis und tippt sich an den Kopf. Es wird geschupst, geboxt, und zack, liegen sie sich in den Haaren. Schon ist die Erzieherin da und trennt die beiden Kampfhähne. Da sie sich gestritten haben und nicht klar ist, wer angefangen hat, bekommen beide nichts vom Kuchen.

Das Unterbewusstsein hat wieder etwas dazugelernt und vergrößert das schwarze Loch mit der Information: »Auch wenn ich mich anstrenge, erreiche ich mein Ziel nicht.« Außerdem hat es die Erkenntnis gewonnen: »Ich muss immer zusehen, dass ich der Erste bin. Dann bekomme ich, was ich will.« Darüber hinaus ist nun klar: »Wenn ich was nicht haben kann, brauche ich nur Streit anzufangen. Dann kriegt es der andere auch nicht.«

Die neu gewonnenen Erkenntnisse verpassen dem Lämpchen einen zweiten Anstrich. Das Loch füllt sich mit Substanz, und es wird stärker und fetter. Was auch immer abgespeichert wird, es geschieht niemals, ohne das dazugehörige Gefühl mit aufzunehmen. Tritt die verhasste Situation später wieder zutage, kommt auch das Gefühl mit hoch. Die dunkle Energie ist allerdings nicht ständig auf Empfang, um Streit vom Zaun zu brechen. Erst wenn das Kind (und später der erwachsene Mensch) in eine ähnliche Situation gerät, wird das Unterbewusstsein im Archiv nach dem entsprechenden Film suchen und sagen: Aha, so hab ich das letzte Mal gefühlt, und auf jene Weise hab ich das geregelt. Jetzt machen wir es wieder so. Gelegenheiten, den Film anzuschauen, gibt es viele (s. Abb. 5).

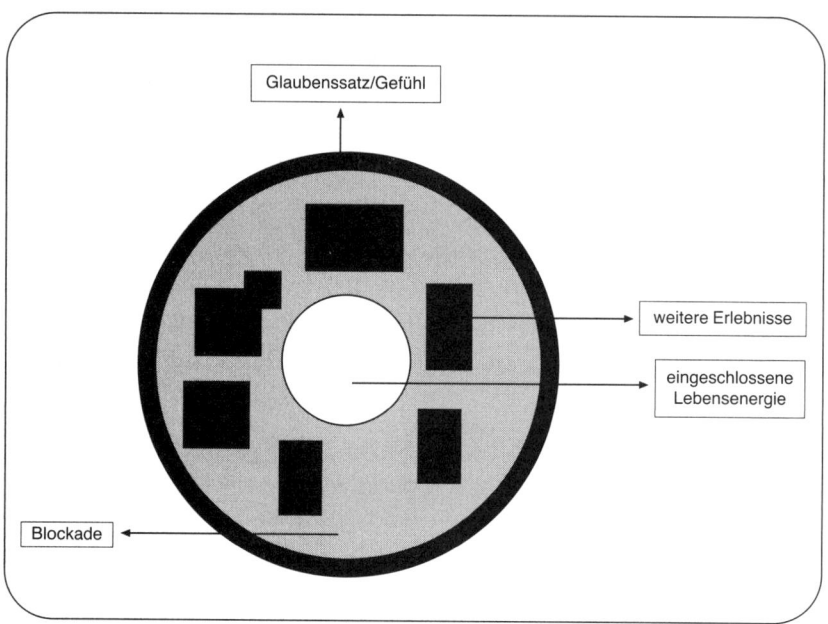

Abb. 5: Blockaden

Um den Einsatz des abgespeicherten Gefühls zu verdeutlichen, muss eine Frau für ein weiteres Beispiel herhalten. Sie liegt im OP und wird am Magen operiert. Das Bewusstsein ist ausgeschaltet, aber das Unterbewusstsein hat ein waches Auge. Es spürt den Schmerz, als der Bauch geöffnet wird, und speichert ihn mit allen dazugehörigen Empfindungen ab. Während des Eingriffs lässt die OP-Assistentin ein Tablett mit Besteck fallen. Scheppernd kracht es auf den gefliesten Boden. Sie flucht. Der operierende Arzt macht seine Witze darüber, und der Assistenzarzt lacht. Diese Situation wird als Film, den das Bewusstsein niemals gesehen hat, ins Archiv gelegt.

Irgendwann erwacht die Patientin aus der Narkose. Sie wird ins Zimmer zurückgeschoben und einige Zeit danach als geheilt entlassen. Was bleibt, ist eine Narbe am Bauch und – richtig – ein schwarzes Loch, das den teuflisch unangenehmen Schmerz mit allen Empfindungen pflegt. Das Unterbewusstsein, während der OP hellwach, hat die entsprechende Lebensenergie mit schwarzem Lack bepinselt und ausgeschaltet.

Ein paar Monate später ist die Operation vergessen. Die Dame, Frau Beispiel, fühlt sich fit genug, um im Restaurant ihrer Gnade ein paar Happen zu sich zu nehmen. Das kulinarische Vergnügen beginnt mit einer Suppe als Vorspeise. Als diese gebracht wird, fällt am Nachbartisch ein Messer zu Boden, und der Gast schimpft mit seinem unachtsamen Sproß: »Verdammt, pass doch auf.« Sofort kramt Frau Beispiels Unterbewusstsein den Film raus. Die Information lautet: Wenn Besteck zu Boden fällt, schmerzt der Leib wie bei einem Messerschnitt. Die nicht bewusste Situation aus dem OP-Saal wird erlebt. Sofort meldet sich die Narbe mit dumpfem Schmerz.

Frau Beispiel hat keine Ahnung, dass ein Film abläuft und denkt: »Oje, meine Narbe meldet sich.« Doch damit nicht genug, denn ihr Kellner wendet sich dem Gast am Nachbartisch zu und reißt einen Witz. Die Situation wird jener im OP immer ähnlicher. Jetzt schmerzt die Narbe richtig fies. An Suppe ist schon gar nicht mehr zu denken. Frau Beispiel wird eine ordentliche Wut auf die Verursacher am Nebentisch entfachen, denn sie schreibt die Pein diesen Tölpeln zu, die sich in einem feinen Restaurant einfach nicht benehmen können. Je nach Charakter wird sie einfach das Restaurant verlassen oder den Nervensägen die Suppe überkippen. Warum sie so reagiert, weiß sie nicht. Sie weiß nur: Weg hier! Und das schwarze Loch hat wieder Nahrung bekommen.

Aus welchen Gründen wiederholen sich denn bei Ihnen unangenehme Situationen immer mal wieder? Sie wissen es nicht? Das wundert mich nicht. Aber seien Sie gewiss, es sind diese schwarzen Löcher, die wir im

Laufe unseres Lebens fleißig sammeln. Mit jedem neuen Tag unseres Lebens wird nicht nur die schwarze Lackschicht auf den bereits dunklen Birnchen dicker, sondern auch manchmal ein neues überpinselt und zum schwarzen Loch gemacht. Es gibt Leute, die müssen rabenschwarz sein und sind nur auf der Erde, um von einem Fettnäpfchen ins andere zu stapfen. Andere scheinen sich richtig wohl zu fühlen, und wenn mal eine unliebsame Situation auftaucht, dann ziehen sie sich dezent zurück und akzeptieren, was passiert ist. Manche Exemplare leiden ständig unter Geldmangel, treffen auf Leute, die sie schon beim Anschauen nicht mögen oder geraten immer wieder an die falsche Partnerin.

Wie bereits erklärt, liegen die schwarzen Löcher brach, bis sie eine Existenzberechtigung bekommen. Das kann entweder durch das Auftauchen einer entsprechenden Situation geschehen oder aber durch Bewusstmachen. Beim Vorgespräch wird der Klient also aufgefordert, über sein Thema zu sprechen. Damit akzeptiert er nämlich, dass es existiert, und die Akzeptanz ist Voraussetzung fürs Loslassen. Außerdem wird er das dazugehörige Gefühl aufwecken, das dem schwarzen Loch Saft gibt und es aktiviert. Ist das geschehen, kann behandelt werden, denn nun werden uns die Blockaden von der geistigen Welt angezeigt.

Die schwarzen Löcher leben nicht allein. Sie haben kraftvolle Brüder, die hartnäckig sind wie Versicherungsvertreter und uns obendrein Dinge verkaufen möchten, die wir gar nicht brauchen. Sie nennen sich Glaubenssätze und schlummern im Dunkeln, um bei Bedarf aktiv zu werden. Während wir dem sichtbaren Vertreter die Tür vor der Nase zuschlagen können, wissen wir oft nicht, dass es diese Glaubenssätze gibt. Trotzdem handeln wir danach und pumpen weiter die schwarzen Löcher auf. Es ist ein Syndikat aus schlechten Energien, und wir sind das Sondereinsatzkommando, um das Syndikat zu sprengen.

Kapitel VIII

Die Last im Kopf – Falsche Glaubenssätze

Bevor wir in die materielle Welt hineingeboren werden, setzt sich unsere Seele im Jenseits mit anderen Energieentitäten zusammen. Es findet eine Lagebesprechung statt, so sagten es unter anderem Madame Blavatsky und Alice Bailey, beides anerkannte Medien und Esoterikerinnen mit einem Geburtsdatum im 19. Jahrhundert. In dieser Lagebesprechung wird geklärt, welche Erfahrungen für das Wachstum der Seele wichtig sind und in welchem Umfeld diese am besten erworben werden können. Der Lebensplan wird festgelegt.

In der Lagebesprechung wird aber nicht nur das Lebensziel festgelegt und das entsprechende Karma bestimmt. Ein wichtiger Aspekt ist auch das Aussuchen der Eltern, die die richtige energetische Grundlage schaffen und das geeignete Umfeld zur Verfügung stellen. Viel mehr wird nicht vorgegeben. Der so ausgewählte Raum bietet jede Menge Möglichkeiten, so dass sich der Mensch frei bewegen kann. Immerhin soll er ja lernen und begreifen, welche Tragweite seine Entscheidungen mit sich bringen.

Dann ist es endlich soweit. Wir wachsen im Mutterleib heran, frei von schwarzen Löchern und hinderlichen Glaubenssätzen. Das bleibt aber leider nicht so. Schon hier bekommen wir die Gefühlsregungen der Mutter mit und die Energie des Umfelds, in dem diese sich bewegt. Die erste Prägung findet statt. Einen maßgeblichen Anteil daran, wie wir später reagieren, hat unser Charakter, der zur Zeit der Geburt eine gewisse Grundform aufweist und sich schon bald danach zu prägen beginnt.

Wenn wir geboren werden, poppen wir förmlich rein in unsere Umwelt, und wir kommen zum ersten Mal mit der Polarität in Berührung: Raus aus dem warmen Wasserbad an die kühle, feindliche Luft. Das Gesetz von Ursache und Wirkung findet nun Anwendung, womit wir uns unsere Wirklichkeit stricken. Inzwischen geht auch die Wissenschaft davon aus, dass wir unsere Realität selbst erschaffen, selbst wenn bestimmte Situationen, mit denen wir konfrontiert werden, nicht immer zweifelsfrei als von uns geschaffen akzeptiert werden können. Dennoch ist es so, dass unsere Realität unseren Willen widerspiegelt. Dieser Wille wird nicht nur in unserem Tagesbewusstsein gespeichert, sondern auch in Unter-, Über-, ja sogar im kollektiven Bewusstsein. Von jeder Erfahrung, die jemals gemacht wurde, hat also nicht nur die oder der Einzelne etwas, sondern alles und jedes, so wie wir ein Teil sind von Allem-was-ist.

Das Leben beginnt. Die Umwelt tut alles Mögliche, um uns zu prägen, und zwar in ihrem Sinn, nicht in unserem. Wir werden erzogen, bekommen von anderen, allen voran den Eltern, deren Meinungen aufgepfropft, kriegen sogar gesagt, was schön ist und was nicht, und so vergessen wir unseren Lebensplan. Stattdessen übernehmen wir die uns wenig nützlichen Einsichten anderer und meinen bald zu wissen: Dies ist so, jenes so. Selbst wenn wir täglich zu hören bekommen, dass Salat dick macht, wird sich daraus ein Glaubenssatz bilden, der sich an einer bestimmten Stelle unseres Energiekörpers festsetzt. Ist es gar die pfundige Tante Emilie, die diese Meinung verbreitet, liefert sie gleich ein Bild der Wahrheit mit, wenn sie behauptet, als Kind viel Salat gegessen zu haben. Sollen wir das etwa nachprüfen? Tante Emilie nicht glauben, wo sie doch als wandelndes Beispiel durch unser Leben stapft? Als Kind sind wir sehr leichtgläubig, denn was wissen wir schon vom Leben? Die Erwachsenen haben ja viel mehr Erfahrung. Sie vergessen aber, dass nur selbst gemachte Erfahrungen wertvoll sind. Würden sie DAS den Kindern beibringen, hätten diese ein viel leichteres Leben. Dem ist aber nicht so. Also fangen die Glaubenssätze an, unser Handeln zu bestimmen, und daraus prägt sich der Charakter.

Es wäre so schön, wenn jede Seele bei der Geburt wie mit einem motorgesteuerten Boot auf einem ruhigen Fluss ausgesetzt würde, um am Todestag an der Mündung einfach auszusteigen und die nützlichen Erfahrungen mit ins Jenseits zu nehmen. Leider verläuft das Leben für die meisten genau in die entgegengesetzte, mit Stromschnellen gespickte Richtung. Die Glaubenssätze sind daran nicht schuldlos.

Was meinen Sie: Wie viele Glaubenssätze und -muster begegnen uns wohl im ersten Lebensabschnitt? Psychologen, Verhaltensforscher und Soziologen sind sich darin einig, dass wir bis zum 20. Lebensjahr 220.000 dieser Spezies vorgelebt bekommen und bereitwillig aufnehmen. Davon verinnerlicht ein erwachsener Durchschnittsmensch etwa 300 Stück, nach denen er lebt. Wenige kommen mit 100 aus, andere benötigen 500, um gelenkt durchs Leben zu gehen.

Da die falschen Glaubenssätze nicht nur wie auf ein Blatt Papier geschrieben in der Schublade liegen, werden sie aktiv, sobald sie meinen, sich in eine Situation einmischen zu müssen. Daraus wird dann natürlich eine unliebsame Situation, die wiederum schwarze Löcher kreiert oder sie vergrößert. Man kann also sagen, dass zu jedem Thema, ja sogar zu jeder Blockade, falsche Glaubenssätze gehören. Diese ärgerlichen Verbindungen haben im schlimmsten Fall zur Folge, dass das Leben keinen Spaß mehr macht und Krankheiten auftreten. Während wir mit einem Leben ohne Freude vielleicht noch einigermaßen umgehen können, sind Krankheiten, da mit Unwohlsein und Schmerzen verbunden, das größere Übel. Energetisch betrachtet unterscheidet sich die Krankheit aber nicht von »dem Mist«, den wir durchleben. Daraus folgt, dass beides – Krankheit UND verhasste Lebensumstände – behandelt werden können. Das ist bei vielen von uns notwendig, damit sich der Nebel um uns herum lichtet und wir unser Ziel erkennen können.

Was ist Ihre Lebensaufgabe? Wollen Sie ein hervorragender Handwerker sein? Will Ihre Seele diese Fähigkeit erwerben? Dann wurden Sie vielleicht in eine Handwerksfamilie mit langer Tradition hineingeboren, und Ihre Bäckerei blickt auf eine Gründung vor 200 Jahren zurück. Wenn das so ist, die ganze Stadt von Ihren Erzeugnissen spricht und die Arbeit Ihnen Spaß macht: herzlichen Glückwunsch. Wenn Sie darüber hinaus auch noch wissen, dass es das ist, wofür Sie leben – nun, dann brauchen Sie kaum noch schamanische Hilfe.

Eine andere, die ebenfalls den Bäckerberuf als ihren Traum betrachtet, hat aber vielleicht eine nicht so gute Startposition. Es ist gut möglich, dass der Vater das Ziel hat, die Tochter in seine Versicherungsagentur zu integrieren und Handwerker, auch Bäcker, als einfache Arbeiter abstempelt. Vielleicht ist er auch der Ansicht, dass der Bäckerberuf nichts für Mädchen ist. Diese Seele hat das entsprechende Karma im Gepäck und bekommt die dazu passenden negativen Glaubensinhalte gleich mitgeliefert. Ihre Aufgabe wird es sein, diesen schweren Rucksack aus dem Boot zu werfen und zu erkennen, dass sie in die falsche Richtung rudert. Hat sie das geschafft, sich des Rucksacks entledigt und gewendet, dann wird sie feststellen, dass das Boot weniger Tiefgang hat, dass es mit der Strömung leichter fährt, und bald wird sie auch die Ruder über Bord werfen, denn sie findet den versteckten Motor am Heck. Damit kommt das Leben dann richtig in Fahrt, und es geht immer schneller voran. Das Glück ist dann einfach nicht mehr aufzuhalten.

Was tun mit nervigen Glaubenssätzen und -mustern?

Da wir ja offenbar alle mehr oder weniger mit hemmenden Strukturen gesegnet sind, stellt sich vielen die Frage: Wie trenne ich mich davon?

Zur Beantwortung dieser Frage gibt es zahlreiche Bücher und Internetseiten. Da heißt es zum Beispiel:

> ➤ ... dass mittels Psychokinesiologie über den Körper alte Glaubenssätze gelöscht werden können.

> ➤ ... dass man sich vier falsche Glaubenssätze erarbeiten soll, damit diese gelöscht werden können.

> ➤ ... dass es eine leicht erlernbare Ausleitmethode gibt, mittels derer krankmachende Glaubenssätze eliminiert werden können.

> ➤ ... dass die leicht anzuwendende Quanten-Heilmethode EFT von einschränkenden Denkmustern und Glaubenssätzen befreit.

> ➤ ... und dass es zu allem natürlich auch viele Seminare gibt.

All diese Methoden haben eines gemeinsam, nämlich **das Arbeiten an sich selbst.** Außerdem setzen sie in der Regel ein enormes Durchhaltevermögen voraus. Wenn Sie damit ausgerüstet sind, wird Ihnen vielleicht die Anwendung der Selbstreflektierung liegen. Dazu sollten Sie über einen Zeitraum von mindestens 14 Tagen täglich 15 Minuten lang JEDEN Gedanken notieren, der Ihnen in den Sinn kommt. Es spielt keine Rolle, wie banal oder sinnlos dieser ist. Schreiben Sie ihn auf. Wenn Ihnen 14 Tage als recht lang erscheinen, dann buchen Sie doch mal ein Persönlichkeitstraining. Dort werden Sie an dieser Übung vielleicht 12 Wochen lang Freude haben. Ihre gesammelten Werke dürfen danach mühsam durchforstet werden, damit Sie erkennen, welche Glaubens- und Gedankenmuster sich darin verbergen. Diese Methode nennt sich NLP und ist sehr bekannt und hilfreich.

Ich möchte hier aber keine Werbung für NLP machen. Vielmehr soll verdeutlicht werden, wie mühsam es ist, alte Glaubenssätze zu vernichten, damit entsprechende Blockaden aufgelöst und verhasste Situationen blockiert werden können. Während meiner Arbeit mit der PR-Methode ist mir jedoch eine recht angenehme und weniger mühsame Methode eingegeben worden, die verteufelten Muster zu entfernen. Die Erfahrung hat gezeigt, dass sie alle im siebten Chakra sitzen – zumindest werden sie uns bei Anwendung der PR-Methode dort präsentiert. Kein schwarzes Loch ohne den dazugehörigen Glaubenssatz also. Deshalb kann ich mit ruhigem Gewissen behaupten, dass diese oft fatalen Energien die schwarzen Löcher nähren und bei Laune halten.

Wie eingangs berichtet, ist es leider nicht möglich, sich einfach alle Glaubenssätze anzeigen zu lassen, um sie durch Handauflegen zu zermalmen. Dazu sind es zu viele. Außerdem müssten wir ja erst durch eine oben beschriebene Methode herausfinden, wie der Glaubenssatz heißt, damit wir ihn aufrufen können. Es funktioniert so, dass wir ein Thema wählen, das behandelt werden soll, genau wie in Kapitel 7 beschrieben. Bei der ersten Behandlung bekommen wir vielleicht 7 Blockaden gezeigt, bei der zweiten sind es noch 5, bei der dritten 2 – und das war's. Auf jeden Fall wird uns im siebten Chakra immer mindestens ein dazugehöriger Glaubenssatz präsentiert. Wenn wir ihn entfernen und die geistige Welt darum bitten, den Wortlaut erfahren zu dürfen, dann wird uns die Bitte in der Regel gewährt. Während andere Methoden also damit beginnen, die störenden Glaubenssätze mühsam zu orten, um sie zu vernichten, zäumen wir das Pferd von vorne auf. Wir sagen frei heraus, was uns nervt, behandeln dieses Thema und bekommen die Löschung der störenden Muster gratis dazu. Eines können wir allerdings auch mit PR nicht verhindern: **Die Arbeit an uns selbst!**

Wie das Löschen alter Glaubenssätze bei uns wirkt, möchte ich an einem Beispiel erläutern.

Eine Kunde kam mit einer Allergie zu mir, und er sagte, dass er nicht wisse, wogegen er allergisch ist. Das würde gerade ausgetestet werden.

Als ich ihn behandelte, sah ich ihn zunächst mit einem weißen T-Shirt. Im nächsten Chakra stellte er sich mir mit einem weißen Hemd und schwarzer Hose dar. Unwillkürlich dachte ich an ein schwarz-buntes Rind. Während ich an dem

Chakra arbeitete, stieg eine weiße Säule daraus hervor. »Milch«, schoss es mir durch den Kopf, und die weißen Klamotten begannen Sinn zu machen.

Als ich zum Schluss das siebte Chakra behandelte, erhielt ich Gewissheit, denn da erschloss sich mir der Glaubenssatz: »Milch ist gesund.« Ich entfernte ihn und programmierte die Information ein: »Es geht auch ohne Milch.«

Nach der Behandlung sprach ich mit dem Kunden und erzählte ihm von den Informationen, die ich erhalten hatte. Er bestätigte, dass er in seiner Kindheit immer wieder gesagt bekam: »Milch ist gesund, Bub. Trink jeden Tag dein Glas Kuhmilch.«

Wenige Tage später rief er mich an und erzählte, dass bei ihm eine Milchallergie festgestellt worden war. Das war zwar beruhigend, aber falsche Glaubenssätze sind mit einer solchen Erkenntnis nicht einfach wegzukriegen. Immer wieder taucht die Situation auf, in der er befriedigt werden möchte. So fiel es meinem Kunden recht schwer, auf die täglichen Milchprodukte zu verzichten. Da eine Milchallergie nicht nur das pure Glas Milch betrifft, sondern auch Butter, Käse, Joghurt und vieles mehr, ist eine Umstellung der Ernährungsgewohnheiten gefragt. Hier wirkt sich das Löschen des Glaubenssatzes so aus, dass das Verlangen nach diesen Produkten immer mehr in den Hintergrund tritt, bis es gar nicht mehr vorhanden ist. Mehr noch: Die Allergie gegen Milch wird sich auflösen, denn das ist ja das Thema, das ich behandle.

Bei allen Themen verblasst der gelöschte Glaubenssatz, bis die entsprechende Situation nicht mehr auftritt, oder der Behandelte ganz anders damit umgeht. Bereits nach 10 Tagen merken Sie, dass sich irgendwas tut, und nach drei Wochen ist das Problem verschwunden.

Vielleicht haben Sie Hemmungen, für Ihre Dienstleistung als Schamane Geld zu verlangen? Würden Sie das als Thema behandeln, dann fällt es Ihnen nach einigen Tagen plötzlich leichter, eine Summe zu nennen und die Hand aufzuhalten. Nach 21 Tagen haben Sie kein Problem mehr damit, sich für Ihre Kunst gebührend bezahlen zu lassen. Drei Wochen! Solange dauert es auch mit anderen Methoden. Wir brauchen drei Wochen, um uns etwas anzugewöhnen. Und genauso lange dauert es, sich etwas abzugewöhnen (Süchte ausgenommen). Das liegt einfach daran, dass das Unterbewusstsein innerhalb von 21 Tagen programmiert werden kann. Sie können dazu ein Persönlichkeitstraining buchen, oder die PR-Methode erlernen – auch in Kursen.

Kapitel IX

Der Selbstversuch

Natürlich würden Sie jetzt gerne das Buch zuklappen und loslegen mit dem, was Sie gelernt haben, vielleicht würden Sie sogar gern ein wenig Geld damit verdienen. Aber mit dem Heilen ist es nicht anders, als wenn sich ein völlig branchenfremder Mensch im Land der Vermögensberater tummeln möchte. Ich habe das selbst erlebt. »Hau mal all deine Freunde und Verwandten an«, duftete es aus dem Mund meines – äh – Betreuers. »Da kannst du schon mal ein ordentliches Geschäft machen. Die werden dich dann weiter empfehlen, und so baust du dir eine Stammkundschaft auf, von der du richtig gut leben kannst.« Das alles sollte bereits nach ein paar Tagen interner Schulung funktionieren. Ich sehe noch heute die fragenden Gesichter, als der Video-Ingenieur Dietmar Schenk, das frischgebackene Finanzgenie und der Besitzer von Gehaltskonto und Sparbuch, seine Bekannten ansprach: »Du, ich bin jetzt Vermögensberater. Ich komme heute Abend mal vorbei und zeige dir was ganz Tolles!«

Was glauben Sie, wie erst das Gesicht Ihres besten Freundes aussehen wird, wenn Sie zu ihm sagen: »Hör mal, ich bin jetzt Schamane. Du bist der Erste, dem ich eine Heilung anbiete. Lass mich an dir mal etwas ausprobieren. Tut nicht weh, aber hilft.« Um dem Erstaunen noch ein wenig mehr Futter zu geben, können sie noch hinzufügen: »Ich arbeite mit der geistigen Welt zusammen, und deshalb ist es eine große Ehre für dich. Pass mal auf, wie schnell deine pralinengroße Warze auf der Nase verschwunden ist.«

Während der angehende Vermögensberater vielleicht noch ein wenig Neugier auf sich zieht, weil die Leute wissen wollen, was dabei herauskommt, wird ein Neoschamane kaum große Freude verbreiten, wenn er »Versuchskaninchen für Hexerei, Voodoo und Magie« sucht. Mit ein wenig Glück findet sich jemand Aufgeschlossenes, der sich sowieso für dieses Thema interessiert.

Einfacher und ohne Gelächter geht der Selbstversuch vonstatten. Deshalb mein Tipp: Versuchen Sie es doch erst einmal an sich selbst. Sammeln Sie Erfahrungen, und damit können Sie nachher glänzen, indem Sie sagen: »Ich hatte doch immer diese Magenprobleme, erinnerst du dich? Sie sind weg. Spurlos verschwunden.« Sicher wird gefragt: »Was hast du gemacht?« Und dann können Sie mit Ihrer Begeisterung loslegen. »Du, pass mal auf, ich hab da etwas Tolles kennen gelernt, und das funktioniert super.«

»Wie soll ich mich denn selbst behandeln?«, werden Sie mit Recht fragen. »Ich kann doch nicht als Heiler an den Steinen sitzen, mich behandeln und gleichzeitig Klient sein. Oder doch?« Und ich sage: Doch, das klappt wahrhaftig.

Wir kommen aus einer unipolaren Welt, um in einer bipolaren Umgebung unsere Erfahrungen zu machen. Zeit ist aber definitiv eine bipolare Größe. Sie kann langsam vergehen, aber auch schnell und gibt uns damit Gelegenheit, sie so oder so zu empfinden. Dass eine Stunde nicht gleich eine Stunde ist, erfahren wir schon, wenn wir sie einmal im stickigen Wartezimmer eines Arztes verbringen und ein zweites Mal im Kino bei einem spannenden Film. Das Gleiche gilt natürlich auch für die Minute. Wann geht sie schneller rum? Beim innigen Kuss, oder wenn Sie sich auf eine Schraube knien? Es kommt eben auf die Empfindung an, die wir dabei erleben. Sehnsüchtiges Warten auf das Ende dauert auf jeden Fall länger.

Die Zeit ist eng mit dem Raum verknüpft, womit uns bewusst wird, dass sowohl Raum als auch Zeit nur im materiellen Umfeld existieren. Im

Jenseits werden wir beides vermissen. Unser Körper, eine materielle und damit bipolare Existenz, braucht räumliche und zeitliche Ausdehnung, um sich zu definieren.

Raum und Zeit sind, auch wenn oft von der Raumzeit gesprochen wird, nicht linear miteinander verknüpft. Das erkennen wir, wenn uns bewusst wird, dass eine Bewegung im Raum in alle Richtungen, also mehrdimensional möglich ist, die Zeit aber nur in einer Richtung erfahrbar ist. Wir können Sie weder anhalten noch zurückdrehen.

Auch die Geschwindigkeit ist eine mit Raum und Zeit verknüpfte Größe, denn sie ist definiert durch den Weg, den wir in einer gewissen Zeit zurücklegen. Da geht das Dilemma auch schon los, denn die Geschwindigkeit ist nur definierbar, wenn wir bestehende Bezugsgrößen heranziehen. Aber wenn ich sage, der Aufzug bewegt sich mit der Geschwindigkeit von einem Meter pro Sekunde, dann gehe ich davon aus, dass er diesen Meter im Kaufhaus zurücklegt. Ist der Aufzug gläsern und Sie sehen die Etagen vorbeiziehen, können Sie dann mit fester Überzeugung behaupten, dass sich der Aufzug bewegt und nicht die Etagen? Wenn Ihnen das zu weit hergeholt vorkommt, dann setzen Sie sich mal in einen Zug in einer Ansammlung von anderen Zügen links und rechts davon. Wenn sich nun einer bewegt, welcher ist es?

Sollten wir damit das Kuriosum »Zeit« bereits erschöpfend behandelt haben?

Bei den bisherigen Erklärungen haben wir uns nur aufs Gefühl verlassen. Was ist aber, wenn wir nachmessen, ob es auch wirklich so ist? Tatsächlich gehen die Uhren in einem Raumschiff langsamer als auf der Erde, und entsprechende Vorgänge laufen langsamer ab, auch die biologischen. Im neuen Zeitgefüge passt sich sogar der Körper der Astronauten der dortigen Zeit an, und wenn Sie sehr lange unterwegs sein könnten, würden Sie die Erde bei Ihrer Rückkehr nicht mehr wiedererkennen. Langsam oder schnell bezieht sich also immer nur auf einen Vergleich zur Erde, auf der wir leben. Ohne diesen Bezug kann kein Vergleich hergestellt werden. Man sollte eher sagen, das Raumschiff transportiert seine eigene Zeit mit sich. Jede unabhängig bewegte materielle Existenz im Universum hat also ihre eigene Zeit.

Die geistige Welt ist weder materiell noch bewegt, denn dazu müsste es dort auch den Raum geben. Die Voraussetzungen für Raum, Zeit und Geschwindigkeit fehlen also gänzlich. Aus diesem Grund ist uns mit der PR-Methode eine unglaubliche Möglichkeit gegeben, nämlich die Selbstbehandlung. Dazu teilen wir uns in zwei Wesen auf, die zeitlich unabhängig voneinander existieren. Jetzt wissen wir ja, wie Behandlungen funktionieren, und der Selbstversuch kann starten.

Bei der Selbstbehandlung betrachten Sie sich als Ihren eigenen Klienten. Sie öffnen den heiligen Raum und räuchern alles ab. Dann rufen Sie die Spirits Ihrer Wahl an, bitten sie, durch Sie zu wirken für eine zeitversetzte Behandlung Ihrer selbst. Weil Sie dadurch praktisch zu zwei Wesen werden, sagen Sie nun: »Bitte lasst eure liebende, wärmende und heilende Kraft durch mich fließen, und lasst mich diese Kraft weitergeben, damit (Ihr Name)'s Problem der (Thema) behoben werden kann.«

Nun rufen Sie sich herbei. Ich sage also für mich: »Liebe Seele, lieber Geist und lieber Körper von Dietmar, ich möchte euch Liebe und Heilung geben. Bitte nehmt hier Platz, damit ich eure (Thema) behandeln kann.« Augenblicklich werden Sie die Energie Ihres eigenen Ichs begrüßen können. Und dann arbeiten Sie an den Steinen, wie Sie es bereits gelernt haben. Machen Sie sich auch die entsprechenden Notizen, und erledigen Sie alles mit der gleichen Präzision, als würden Sie einen Fremden behandeln.

Irgendwann haben Sie diesen Job erledigt. Dann können Sie auf Ihrer Liege oder dem Boden Platz nehmen. Oder möchten Sie vorher noch zu Abend essen? Das geht auch. Mehr als eine oder zwei Stunden sollten jedoch nicht vergehen, denn je näher Sie an Ihrer eigenen Behandlung sind, desto mehr sind Sie im Thema. Es wird eine Weile dauern, vielleicht zehn Minuten, eine viertel Stunde. Aber dann spüren Sie Ihre Bemühungen am eigenen Leib. Wenn Sie vorher noch darum bitten, zum Ende der Behandlung ein Zeichen zu bekommen, wird Ihnen auch das gewährt werden.

Achten Sie genau darauf, was passiert, was Sie spüren, sehen, hören oder auf irgendeine Weise wahrnehmen. Als Klientin und Behandlerin in einer Person haben Sie den Vorteil, beide Erfahrungen mit denselben Empfindungen zu machen. Sie sehen also vielleicht die gleichen Bilder und brauchen sie nicht in Relation zu setzen.

Nicht nur für die Selbstbehandlung – für alles gilt, dass auch Geschehnisse im Außen zum Lösen der Blockaden gehören. Nervt, während Sie arbeiten, fortwährend das Telefon? Wenn Sie es gegen die Wand werfen möchten, dann notieren Sie dieses Gefühl. Es gehört zum gerade sich lösenden schwarzen Loch. Oder wird ausgerechnet jetzt vor dem Haus ein Glascontainer geleert? Dann hat sich vielleicht eine Blockade mit viel Tamtam verabschiedet. Alles darf sein, und alles ist möglich. Und wenn sie in einer gefährlichen Kurve wohnen und sich ein LKW ins Haus bohrt, während Sie jemanden behandeln, dann rufen Sie den Klienten an und beglückwünschen ihn zu dieser immens erfolgreichen Session ...

Kapitel X

Fallbeispiele

Weiter vorne habe ich bereits geschrieben, auf welch sagenhafte Weise meine erste Klientin zu mir kam. Sie heißt Waltraud und ist wie wir spirituell und in Liebe zu »Allem-was-ist« tätig. Waltraud hat sich freundlicherweise bereiterklärt, mit ihrer Identität für den Wahrheitsgehalt des nachfolgenden Fallbeispiels zu bürgen. Um sie nicht gerade mit Adresse und Geburtsdatum bekannt zu machen, gebe ich hier einfach Waltrauds Website an. Ich denke, damit ist ihrer Identität Genüge getan. Außerdem wird sie sich bestimmt über ein paar Klicks auf ihrer wunderschönen Präsenz freuen. Die URL lautet: www.wohlfuehlstudio-ertz.de.

Fallbeispiel Nr. 1: Waltraud

Waltraud ist mit einem Hüftleiden geboren worden. Die Fehlstellung in den Gelenken führte mit der Zeit zu Arthrose in Hüften und Knien. In den letzten 15 Jahren versuchte sie mit verschiedenen »außermedizinischen Heilmethoden«, eine Linderung der Schmerzen zu erreichen. Sie spricht heute davon, dass diese Bemühungen alles Puzzlesteinchen waren, und dass ich sie mit meiner Arbeit zu einem Ganzen zusammenfügen durfte.

Eine Heilung brachten ihr die vielen Therapien nicht. Da aber am 08. Juni 2008 das Venus-Event stattfinden sollte – die Venus verschwand hinter der Sonne, um einen Tag später wieder aufzutauchen – wollte Waltraud mit anderen nach Österreich zu einem Kraftort reisen. Eine Reise in die Alpen ist oft mit Wanderungen in den Bergen verbunden. Deshalb bat sie ihren Geistführer um Hilfe. Schließlich wollte sie gerne dabei sein, und zwar OHNE Schmerzen. Waltraud verlieh ihrem Wunsch Nachdruck, indem sie hinzufügte: »Lass dir gefälligst etwas einfallen. Ich mag nicht mehr.«

Drei Tage, nachdem Waltraud ihren Wunsch aufgegeben hatte, rief ich sie an. Meine Partnerin Margit hatte sie als Probandin für meine Testreihe vorgeschlagen. Waltraud war überwältigt, wie schnell die geistige Welt ihren Wunsch um Hilfe erfüllt hatte.

Bis zu dem Zeitpunkt, da ich dieses Kapitel schreibe, hat Waltraud sieben Behandlungen bekommen. Eigentlich wollte ich »genossen« schreiben, besann mich dann aber eines Besseren, denn von Genuss ist hier wahrlich nicht die Rede, zumindest nicht am Anfang. Inzwischen sieht es anders aus. Aber immer der Reihe nach.

Meine erste Anwendung der PR-Methode, ja, die erste Anwendung dieser Methode überhaupt, geht mit spärlichen Informationen einher. Da ich mir bei jeder Behandlung Notizen mache, habe ich so einen herrlichen Überblick über meine Erfolge bei den Klientinnen, aber auch über meine als Heiler. Allerdings waren die ersten Aufzeichnungen zunächst einmal schlicht. Man könnte von Genügsamkeit sprechen. Ich notierte nur Folgendes:

1. Behandlung: Waltraud Ertz, 11.03.2008
Dauer der Behandlung: 60 Minuten
Thema: Hüftleiden seit Geburt mit Arthrose
Es wurden folgende Chakren mit Blockaden gefunden: 2, 5, 7

Chakra 2: 4 Blockaden, ohne Bilder

Chakra 5: 3 Blockaden
Bild bei 1. Blockade: weißes Haus, großes braunes Tor, Blumengarten links
Bild bei 2. Blockade: Blick über Lattenzaun auf Backsteinhaus, Bub, dunkler Eingang
Chakra 7: 4 Blockaden, ohne Bilder

Interaktion: 4 Blockaden

Gespräch und Reaktionen: Die Häuser sind jene von Waltrauds Oma und ihr Elternhaus sowie ihr Bruder. Reaktionen waren quasi »Auslaufen«. Nase läuft fürchterlich, oft Wasserlassen, Übelkeit und Erbrechen.

Ich hatte also drei Chakren mit Blockaden gezeigt bekommen: 2, 5 und 7, wobei das siebte Chakra die Glaubenssätze enthält. Wie Sie sehen, ist mir das bei der allerersten Behandlung nicht bewusst. Für mich sind es zu diesem Zeitpunkt einfach Blockaden, und obwohl ich nur wenig Information aufnehmen konnte, waren die Reaktionen der Klientin nach der Behandlung und bis zum nächsten Tag gewaltig. Waltraud berichtete: »Ich bin quasi ausgelaufen. Schon gleich nach der Behandlung begann die Nase zu fließen. Ich musste alle 15 Minuten auf die Toilette zum Wasserlassen, und später kamen Übelkeit und Erbrechen hinzu. Das alles dauerte bis zum nächsten Mittag an. Dann stellte sich Erleichterung ein.« Waltraud hatte also viel loszulassen, das im zweiten Chakra festsaß. Die Blockaden hatten sich gelöst, obwohl ich - zumindest im zweiten Chakra - keine Informationen dazu bekommen hatte.

Die im 5. Chakra gewonnenen Erkenntnisse bezogen sich auf ihre Großmutter. Das erste Bild zeigte das Haus der bereits verstorbenen Oma, und das zweite stand für Waltrauds Elternhaus. Bei der Arthrose spielte bis dahin also noch etwas aus der Kindheit mit.

Etwa zwei Wochen später erhielt Waltraud die dritte Behandlung. Als ich sie anrief, war sie ganz aus dem Häuschen, denn sie hatte mir etwas zu sagen. Aber sehen Sie sich doch meine Aufzeichnungen an:

3. Behandlung: Waltraud, 27.03.2008
Dauer der Behandlung: ca. 50 Minuten
Thema: Hüftleiden / Arthrose
Chakren: 2 und 7

Heute sind es nur zwei Chakren, die behandelt werden müssen. Waltraud berichtet, dass sich das Knie inzwischen gedreht hat (lt. Physiotherapeutin) und dass der Gedanke, sich das Knie chirurgisch richten zu lassen, verschwunden ist.

2. Chakra: 3 Blockaden
Bild bei 1. Blockade: Ich sehe eine weiße Taube, die mit einer knallroten Kirsche im Schnabel abhebt. Dann erscheint ein dunkelgrüner Kinderwagen, der abends in der Dämmerung vor einem beleuchteten Geschäft steht. Ich höre: »Das ist eine Psychose.«
Bild bei 2. Blockade: Ich höre »Gadelheimer Mühle« und sehe dazu einen stillen Bach, schroffe Felswände, aus denen Wasser sprudelt. Die Mühle steht fürs Mahlen (Arthrose, Knochen mahlen aufeinander) und das Wasser für sanfte Energie, die hineinfließt.
7. Chakra: 3 Glaubenssätze
1. Glaubenssatz: Alle Wege sind beschwerlich. Ich bin nicht gut zu Fuß.
2. Glaubenssatz: Ich sehe ein Backsteinhaus mit Bruchstein im Fundament. Waltraud weiß, was damit gemeint ist, heißt es.
3. Glaubenssatz: Ich sehe nur eine leere, dunkle Garage. Da die Energie hier sehr schwer ist, muss ich ziemlich daran arbeiten, und als sie sich aufgelöst hat, ist auch das Bild weg.

Interaktion: 3 Blockaden

Meridiane: keine

Gespräch und Reaktionen: Waltraud hatte während der Behandlung ziemliche Schmerzen in den Beinen und sah die Farbe Gelb, die sich ins Rote änderte, analog zur Kirsche im Schnabel der Taube.

Wichtig hierbei ist, dass die Fehlstellung des Knies schon nach zwei (!) Behandlungen behoben worden war. Auf die Interpretation der gezeigten Blockaden und der Glaubenssätze möchte ich jedoch nicht näher eingehen, denn dies würde zu sehr Einblick in die Privatsphäre geben.

Schon bei der fünften Behandlung fand ich keine Blockaden mehr, das heißt, Waltraud brauchte meine Hilfe (vorerst) nicht mehr. Deshalb entschloss ich mich zu einer anderen Maßnahme, die ich nachfolgend dokumentiere.

5. Behandlung: Waltraud, 11.04.2008
Dauer der Behandlung: 30 Minuten
Thema: Arthrose / Hüftleiden
Chakren: keine

Es wird keine Blockade mehr gefunden. Deshalb entschließe ich mich zu einer Seelenreise.

1. **Kammer:** Wir finden Waltraud im großen, prunkvollen Saal eines Schlosses. Viele plüschrote Stühle an einer langen Tafel, und Waltraud sitzt alleine hier. Ich frage sie, wer sie ist, und sie sagt, sie sei eine Prinzessin, und sie sei eingesperrt. Sie will, kann und darf den Raum nicht verlassen. Und als ich sie frage, seit wann sie hier eingesperrt ist, erschließt sich mir der

Eindruck, dass sie es schon im vergangenen Leben war, zumindest schon vor der Geburt.

2. Kammer: Wir finden den Glaubenssatz: »Ich verlasse dich nie.« Er wird später durch den Satz: »Ich stehe nun auf eigenen Beinen« ersetzt.

3. Kammer: Waltraud tanzt. Ich frage: Mit wem? Da höre ich: Mit dem neuen Lebensmut. Der Hüter der Schwelle überreicht ein Geschenk. Es ist ein winziger Pfeil mit kleinen blauen Flügeln, einem Dartpfeil ähnlich. Er dreht sich wie eine Schiffsschraube. Dieser Pfeil wird ins erste Chakra gepustet.

Alberto Villoldo beschreibt in seinem Buch »Seelenrückholung«, wie die Vergangenheit schamanisch erkundet werden kann. Seelenanteile gehen verloren, wenn ein Mensch ein sehr belastendes Trauma erlebt. Dann wird, ähnlich wie beim Entstehen von Blockaden, ein Seelenteil abgetrennt. Ebenso ist es möglich, dass ein schlecht ausgehandelter Seelenvertrag für ungewollte Erfahrungen sorgt. Solche Seelenverträge können bereits in vergangenen Leben geschlossen worden sein. Da auch Waltraud an einem solch ungünstigen Seelenvertrag litt, und zwar mit der Krankheit Arthrose, fand ich es passend, das erste Fallbeispiel mit dieser Behandlung zu beenden. Auch wenn später noch sporadische Nachbehandlungen hinzukamen, so ist mein Job hier erst einmal erledigt. Nachbehandlungen können bei solch schwer wiegenden Themen wie das von Waltraud später wieder kleine Blockaden aufkeimen lassen. Sie lassen sich in der Regel sehr rasch und nachhaltig löschen.

Nun zur oben erwähnten Seelenreise. Sie führt über Wiesen und durch Wälder zu einem Bach, der uns ins Erdinnere trägt, bis wir an einem Ufer an Land geschwemmt werden. Als wir den Bach verlassen, sind wir im Unterbewusstsein angelangt. Hier treffen wir den Hüter der Schwelle, der uns erlaubt, die Kammern des Unterbewusstseins zu betreten. Es sind deren drei.

In der ersten Kammer wird uns präsentiert, wann und warum Waltraud den Seelenteil verlor, den wir hier zurückholen möchten. Es ist ein Ereignis aus einem vergangenen Leben. Es geht ihr finanziell gut, aber sie ist eingesperrt in einem großen, prunkvollen Raum. Theoretisch könnte sie ihn wohl verlassen, aber sie will nicht. Dass sie außerdem auch nicht kann und darf, ist eine andere Sache. Offensichtlich hat sie den Seelenvertrag so abgeschlossen, dass sie selbst zustimmte, in diesem Raum zu bleiben wie ein Vogel im goldenen Käfig.

Die zweite Kammer präsentiert uns einen damit verbundenen Glaubenssatz, der mehr Licht ins Dunkel bringt. »Ich verlasse dich nie«, sagt Waltraud. Es erschließt sich uns nicht, wem sie einst das Versprechen gab, und es ist auch nicht wichtig. Es macht aber klar, dass ihr Versprechen sie irgendwie örtlich binden will. Sie hat alles, was sie zum Leben braucht, nur keine Freiheit.

Das ist der Grund für ein Hüftleiden, das sie bereits vor der Geburt (in einem anderen Leben) aufbaute, um sich räumlich einzuschränken. Waltraud wollte mit dieser schmerzhaften Krankheit ihren Vertrag erfüllen, jemanden niemals zu verlassen.

Als ich in **der dritten Kammer** darum bitte, Waltraud als vom Glaubenssatz befreite Person sehen zu dürfen, erlebe ich sie tanzend mit einem Mann. Als ich frage, mit wem sie da tanzt, erfahre ich, dass es ihr neuer Lebensmut ist. Der Pfeil, der sich dreht, weist auf Anfänge der zurückkommenden Beweglichkeit hin.

Heute sagt Waltraud: »Für mich ist jetzt die Zeit der Heilung gekommen. Das Knie ist zwar noch ein wenig aus der Achse, aber ich laufe immer öfter beschwerdefrei. Gehe mit deiner wunderbaren Methode nach außen, und lass die Leser fühlen, dass alles, was deine Klienten vorher in Anspruch genommen haben, als perfekte Vorbereitung auf deine Methode zu sehen ist. Es fühlt sich so richtig gut an und liegt in deinem Seelenplan.«

Fallbeispiel Nr. 2: Kerstin

Als Waltraud die Nützlichkeit der PR-Methode erkannte, bat sie mich, auch ihre Tochter zu behandeln. Sie heißt Kerstin Lange, und auch Kerstin gab mir die Erlaubnis, sie namentlich und mit ihrer Geschichte in diesem Buch aufzuführen.

Im Alter von sechs Jahren erlitt Kerstin zusammen mit ihrem Vater einen Unfall. Seither leidet sie an – aus medizinischer Sicht unheilbarer – Diabetes 1. Trotz dieser Krankheit war sie immer ein sehr lustiges Kind, das sich wohlfühlte. Dann wurde der Stress durch den Zucker größer. Kerstin vernachlässigte ihren Körper mehr und mehr und ging zu oft über medizinisch gezogene Grenzen, indem sie den Diabetes einfach nicht mehr beachtete. Es kam, wie es kommen musste: Im November 2007 erlitt sie einen Totalzusammenbruch. Der Zuckerpegel war so hoch, dass sie damit nicht mehr lebensfähig war, wie die Ärzte es ausdrückten. Sie wurde zwar gerettet, aber seit diesem Vorfall ging es ihr stetig schlechter. Kerstin konnte kaum noch etwas zu sich nehmen, und auftretende Nervenirritationen verursachten an vielen Körperstellen einen unerträglichen Juckreiz. Das Leben war für sie zur bitteren Bürde geworden.

Als Kerstin sich an mich wandte, befand sie sich in einem höchst depressiven Zustand und bedurfte dringend einer Hilfe, die die psychotherapeutischen Bemühungen aus anderen Lagern unterstützte. Damit hatte ich eine zweite Klientin, an der ich erst meine zweite Behandlung anwendete. Die Aufzeichnungen sind daher ebenso dürftig wie bei der Behandlung ihrer Mutter. Ich notierte:

1. Behandlung: Kerstin Lange, 16.03.2008
Dauer der Behandlung: 60 Minuten
Thema: Diabetes 1 seit dem 6. Lebensjahr, Bedrücktheit, Depressionen
Es wurden folgende Chakren mit Blockaden gefunden: 4, 6, 7

Chakra 4: 3 Blockaden

  Info: Sie nimmt sich die Krankheit sehr zu Herzen

Chakra 6: 4 Blockaden

  1. Blockade: Mein linker Mittelfinger krümmt sich. Sehe dunkle Tür mit bunten Bändern, rechts Stall oder Scheune.

  2. Blockade: Die Tür ist zu, weiße Gardinen sind durch Scheiben zu sehen, eine Frau im weißen Pulli, blond, nähert sich mir von hinten und spiegelt sich in den Türscheiben. Die Tür bleibt geschlossen.

  3. Blockade: Wieder die Tür mit den Gardinen. Ich denke an Weihnachten.

  4. Blockade: Mir werden die Hände weggedrückt, als würde ich zwei gleichpolige Magneten gegeneinanderhalten. Ich höre: »Ich will nicht«. Dann klappt es doch noch. Die Tür öffnet sich, ein langer Gang dahinter mit Fenster in der anderen Wand präsentiert sich mir.

Chakra 7: 1 Blockade

Interaktion: 3 Blockaden

Gespräch und Reaktionen: Der lange Gang, den ich sah, muss jener im Haus der Oma gewesen sein. Hinten führte wieder eine Tür nach draußen, die ein Fenster hatte. Kerstin spürt, wie sich eine schwere Last von ihr hebt.

Auch hier sehen Sie, dass ich aus den Blockaden noch nicht diese Menge an Informationen ziehe, wie es mir heute gelingt. Dennoch ist der Erfolg umwerfend, denn Kerstin spürt, wie sich eine schwere Last von ihr hebt. So erzählte sie es mir im Nachgespräch. Die Interpretation der anderen Blockaden ist an dieser Stelle ohne Bedeutung.

Die zweite Behandlung besitzt noch mehr Potenzial als die erste und bekräftigt mich ungemein im Vertrauen in meine Arbeit.

2. Behandlung: Kerstin Lange, 20.03.2008
Dauer der Behandlung: 60 Minuten
Thema: Diabetes, Bedrücktheit, Depressionen

Vor der Behandlung fragte ich die geistige Welt, was wir behandeln (Zucker, Bedrücktheit oder Depressionen), und sie sagten: den Zucker. Bei Anruf hatte ich Kerstins Mutter Waltraud am Telefon, und sie wollte, dass ich ihren Juckreiz behandle. Die Tochter kratze sich schon den ganzen Tag und sei fix und fertig, sagt Waltraud. Daraufhin bat ich die geistige Welt, mir nur die zu behebenden Blockaden zu zeigen, die SIE gedachten zu behandeln.

Es wurden folgende Chakren mit Blockaden gefunden: 5, 6, 7

Chakra 5: 4 Blockaden
1. Blockade: Ich spüre reelle Angst, Herzklopfen, und dann höre ich einen Schrei
2. Blockade: Ich sehe eine große, schwerfällige Standuhr
3. Blockade: Lauter braunes Zeug quillt aus dem Halschakra und fließt über meine Hände. Dann sehe ich braune, faule Äpfel.
4. Blockade: 3 Spritzen stechen mir in die Hand. Ich entferne sie nacheinander.
Chakra 6: 2 Blockaden
1. Blockade: Eine grüne Schlange kriecht hervor und meinen linken Arm empor. Ich übergebe das Tier der geistigen Welt und frage, was sie bedeutet. Es ist die Schlange aus dem Paradies, und dann sehe ich grüne Äpfel.
2. Blockade: Braune Erde quillt hervor, wie von einem Maulwurf, und viele Regenwürmer.
Chakra 7: 3 Blockaden

Interaktion: 1 Blockade.

Meridiane: Milz und Pankreas waren betroffen.

Gespräch und Reaktionen: Kerstin bekommt zu Anfang einen Weinkrampf. Dann wird sie ruhiger, das Jucken verschwindet und sie spürt, wie zwei Hände ihre Bauchspeicheldrüse halten. Ich schlage ihr vor, vermehrt grüne / grüngelbe Äpfel zu essen.

Zum ersten Mal spüre ich Gewissensbisse. Waltraud ersuchte mich dringend, etwas gegen Kerstins unerträglichen Juckreiz zu tun, aber die geistige Welt bestimmte, dass wir den Diabetes behandeln. Ich verließ mich also auf meine Freunde und bat sie einfach, mir die Blockaden anzuzeigen, die sie wegräumen wollten.

Die Behandlung von Kerstin war für mich mit unschönen Empfindungen verbunden. Sie haben gelesen, dass es mir Angst und Bange wurde, dass braune Brühe aus dem Hals hervortrat und Spritzen sehr reell in meine Hand stachen. Aber es hat sich gelohnt, das alles durchzustehen, denn Kerstin erlebte eine grandiose Befreiung. Sie löste ihre Blockaden durch einen Weinkrampf, und zwei Hände kneteten ihre Bauchspeicheldrüse. Nach der Behandlung war das Jucken verschwunden. Die geistige Welt hatte gewusst, dass es von der Diabetes kam und hatte richtig entschieden: Wir behandeln den Juckreiz an der Bauchspeicheldrüse.

3. Behandlung: Kerstin, 28.03.2008
Dauer der Behandlung: 20 Minuten
Thema: Diabetes 1

Es wurden keine Blockaden in den Chakren gefunden. Nur der Nierenmeridian wurde behandelt.

Reaktion und Gespräch: Obwohl nur ein Meridian behandelt wird, wird es Kerstin kochend heiß. Sie glaubt zu verbrennen. Außerdem fühlt sie wieder, wie ihre Bauchspeicheldrüse geknetet wird.

Diesmal waren keine blockierten Chakren zu finden, aber ein verstopfter Meridian. Nur die Behandlung dieses einen Meridians veranlasste die geistige Welt, erneut Kerstins Bauchspeicheldrüse zu kneten. Ihr wurde dabei kochend heiß.

Später, als die größten Probleme behoben waren, kamen andere hinzu. Wir behandelten nicht mehr die Diabetes, die sich zurückzuziehen begann, sondern knöpften uns ihre Ernährungsprobleme vor. Wegen des Zuckers musste sie natürlich Diät leben. Andererseits war ihr Darm durch die sehr geringe Nahrungsaufnahme der letzten Wochen erheblich geschwächt. Schlimmer noch: Er hätte genau das gebraucht, was ihr wegen der Diät verboten war. So geriet sie immer wieder in Gewissenskonflikte.

Aber auch dabei konnte ich ihr helfen. Schon nach der ersten Behandlung wegen dieses chronischen Stresses, wie wir das Thema nannten, normalisierte sich der Stuhlgang, und Kerstin gelang langsam die Quadratur des Kreises in ihrer Ernährung.

Aller guten Dinge sind drei, auch bei der PR-Methode. Um dieses Kapitel abzuschließen, bringe ich also noch ein drittes Fallbeispiel. Diesmal ohne die Identität der Person preiszugeben, aber ich glaube, zwei nachprüfbare Beispiele unterstützen meine Glaubwürdigkeit schon zu Genüge.

Das Universum hatte keine Gnade mit mir, als ich die PR-Methode entwickelte. »Wenn du schon mit uns arbeiten willst, dann richtig«, scheinen sie gesagt zu haben und präsentierten mir von Anfang an richtig dicke Brocken. Ich durfte nicht mit Schnupfen oder knorpeligen Fingern üben, um in Fahrt zu kommen, nein, es mussten Arthrose sein, Diabetes 1 und – Multiple Sklerose. Selbstverständlich handelt deshalb mein drittes Beispiel auch von der MS. Die Person nenne ich Hans.

FALLBEISPIEL NR.3: MULTIPLE SKLEROSE VON HANS

Hans kam über Waltrauds Empfehlung zu mir. Seit 22 Jahren leidet er an schleichendem MS. Niemand konnte ihm bisher helfen, und so setzte er seine letzte Hoffnung in einen Anruf bei mir. In der Zeit vom 15.04. bis Ende Mai 2008 hat Hans 7 Behandlungen bekommen.

Da Sie sich beim Durchlesen weiterer Aufzeichnungen vielleicht langweilen würden, erfahren Sie jetzt nur, was die Nachgespräche brachten. Im Übrigen können Sie aus den Aufzeichnungen sowieso nichts lernen, weil sie immer sehr individuell sind. Die oben gezeigten Beispiele sollten nur einen Anhaltspunkt geben, wie Sie Ihre eigenen Aufzeichnungen gestalten können.

1. **Behandlung:** Ich sehe viele Bilder von Bergen und sage es Hans. Er kann damit sofort etwas anfangen, denn die Berge sind seine ungestillte Sehnsucht. Auch die Glaubenssätze passen. Hans fühlt sich bei der Behandlung sofort »pelzig«, von den Füßen bis zum Kopf. Auf den Ohren lastet unerträglicher Druck, der auch am Hinterkopf entlangzieht. Rauschen stellt sich ein, dann schwappen kalte Wellen über ihn hinweg, und linker Arm und linke Schulter schmerzen fast unerträglich. Das Herz erfährt vielfach Stiche.

2. **Behandlung:** Hans spürt Schmerzen an Kopf, Nacken und dem rechten Ohr. Außerdem huschen eiskalte Schauer über ihn hinweg. Der ganze Körper fühlt sich wieder mal pelzig an, von den Füßen bis zum Kopf, und zwar schlimmer als

letztes Mal. Außerdem spürt er Kreuz, Leber und den Unter-
leib. (Hans sagt, er habe schlechte Leberwerte.)

Bei der Behandlung hatte ich eine unruhige Straße gesehen, aus der
Hans gerne weg wollte. Außerdem war von Liebeskummer die Rede und
davon, dass er Herzlichkeit vermisste. Tatsächlich hatte Hans in einer
solchen Straße gewohnt, die er verlassen wollte, er hatte natürlich auch
Liebeskummer und vermisst(e) Herzlichkeit. – Hier zeigt sich, dass ein
Thema langsam aufgebaut wird, wobei viele vergangene Erfahrungen zu
einem Ganzen zusammengefügt werden, damit das Problem entstehen
kann. Bei Hans fließen also seine ehemals unzufriedene Wohnsituation
und ein alter Herzschmerz mit in die Krankheit ein.

3. **Behandlung:** In der Behandlung kommen Schuldgefühle an
die Oberfläche. Hans sagt, die Schuldgefühle pflege er
gegenüber seinen Eltern. Es sei üblich, dass die Kinder sich
später um ihre kranken Eltern kümmern müssten, aber da er
selbst nun krank ist, kann er seine Pflicht nicht erfüllen.
Daher die Schuldgefühle.
Bei der Behandlung ist ihm kalt, einfach nur kalt, und er hat
starke Kopfschmerzen. Außerdem spürt er Schmerzen im
linken Arm bis in die Schulter.

Bevor die fünfte Behandlung begann, fragte ich Hans nach Veränderungen. Er sagte, körperlich habe sich noch nicht viel getan, aber see-
lisch ginge es ihm besser. Die Hoffnung auf Genesung sei nun da. Außerdem sprudelte es förmlich aus ihm heraus, als er erzählte, was beim letzten
EEG passiert war: »Der Neurologe fragte mich, was ich denn gemacht
hätte«, schwärmte er. »Ich sei ja eine wahre Kämpfernatur. Das EEG sei das
beste, das er je gesehen habe.« Ich konnte Hans dabei nicht sehen, aber ich
bin mir sicher, dass er vor Freude strahlte.

5. Behandlung: Nachdem die 4. Behandlung für dieses Buch bedeutungslos ist, geschieht mit dieser fünften Anwendung offensichtlich eine Wende. Hans spricht diesmal von angenehmen Gefühlen, auch wenn an Kopf und Ohren leichte Schmerzen auftreten. Das den Körper überziehende pelzige Gefühl bleibt aus. Nur die Füße kribbeln, und es ist ihm nicht kalt wie beim letzten Mal.

Auffallend sind hier Bilder von der Farbe Schwarz und ein Tunnel. Schwarz verwandelt sich in weiß, der Tunnel lichtet sich. Außerdem geht es viel bergauf. Die Wende ist erreicht!

Der Enthusiasmus auf die positiven Bilder bei der letzten Behandlung hatte mich beflügelt, und ich freute mich riesig darauf, weiter an Hans zu arbeiten. Mein Ziel war es, dass er schnell wieder ein normales Leben führen könne. Aber dann bekam ich einen Dämpfer. Als ich ihn zur 6. Behandlung anrief, erzählte er mir von Rückfällen und dass es ihm sehr schlecht ging. Im Hals kochte eine Entzündung, ständig hatte er einen Blutgeschmack im Mund. Außerdem war er unzufrieden mit sich und der Welt und weinte schnell.

6. Behandlung: Hans fühlt sich auch bei der Behandlung nicht so gut wie letztes Mal. Sein Körper ist wieder pelzig von Kopf bis Fuß. Die Ohren rauschen stark, im Kopf sticht es und kalte Schauer überlaufen ihn.

Wenn so etwas passiert, ist großes Vertrauen in die geistige Welt gefragt. Schließlich könnten wir ja auch denken: Wir lassen es. Warum soll ich meinem Klienten weiter Hoffnung machen und ihm auch noch Geld dafür abknöpfen. Es klappt ja sowieso nicht.

Aber es sind ja nicht wir, die heilen, sondern unsere spirituellen Freunde. Und es wird auch kein Erleuchteter geheilt, sondern ein Mensch mit all seinen Fehlern und Schwächen. Natürlich bringen Ängste, Zweifel und schlechte Stimmungen neue Blockaden ans Tageslicht und verursachen Rückschläge, aber wenn wir mit Mut und Vertrauen dabei bleiben – nicht nur wir als Heiler, sondern auch die Klienten –, dann werden die Behandlungen unweigerlich zum Erfolg führen. Als ich Hans zur 7. Behandlung anrief, sagte er denn auch: »Ich war seit der letzten Behandlung fünf Tage lang beschwerdefrei. Das ist mir ja noch nie passiert, seit ich diese Krankheit habe.«

Verstehen Sie, was ich meine? Ich bin sicher, dass Sie es verstehen.

Kapitel XI

Heiler werden

Wie kommt ein Mann, der sich zu Beginn seines beruflichen Lebens der Fernsehstudiotechnik verschrieben hat, dazu, als Heiler tätig zu werden, und das auch noch mit einer selbst entwickelten, sehr gut funktionierenden Methode?

Zur Beantwortung dieser Frage beziehe ich mich auf das in Kapitel 5 Geschriebene, dass ALLE, die von ganzem Herzen Schamane sein möchten, dazu berufen sind. Mir erging es in der Kindheit wie vielen anderen Leidensgenossen, als mein Vater auf meinen Wunsch, Schauspieler zu werden, meinte: »Geh du erst mal zur Post und lerne was Vernünftiges. Beim Staat bist du gut aufgehoben.« Und auf meinen Einwand hin, dass ich da keinen Bock drauf hätte, schob er einen Haufen Buchstaben nach, der sicher etlichen von uns bekannt ist: »Solange du deine Füße unter *meinen* Tisch streckst, tust du auch was ICH sage.« Die Betonung lag dabei auf »ICH«, aus der Sicht meines Vaters.

Die Schauspielerei hätte mir einigen Spaß bereitet. Das drückt sich auch heute noch in meinem Hang aus, Drehbücher zu schreiben. Und hätten meine Eltern mich gelassen, dann wäre ich jetzt vielleicht Schauspieler und niemals Schamane geworden. Niemals? So erlernte ich jedenfalls beim Fernmeldezweig der Post einen technischen Beruf, der nie so richtig Spaß machte. Immerhin führte mich das Universum später in die Film- und Fernsehstudios.

Dann kam irgendwann die Ambition zum Heilen durch, und da sie immer stärker wurde, bin ich mir sicher, dass es sich dabei um mein Lebensziel handelt. Das Wissen erweiterte sich ständig. Der Vergleich mit einer Baustelle, die am Wochenende mit Material beliefert wird, bietet sich an. Der LKW bringt nicht immer die gleichen Baustoffe, sondern sie ändern sich mit dem Fortschreiten der Bauabschnitte. Zuerst kommen Sand, Steine, Zement und Eisen, später Holz fürs Dach, und zum Ende hin Fenster, Türen, Installationsmaterial. All das zusammen ergibt ein Gebäude.

Das Universum lieferte mir Steine, Sand, Zement und Eisen, als es mich 1996 auf eine damals relativ neue Welle aufmerksam machte. Eigentlich ging es beim gebuchten Seminar um die Erfüllung von Wünschen. Das war schon ganz nett. Was mich aber viel mehr interessierte, war eine angebotene Einzelsitzung. Ich wollte meine Kreuzschmerzen behandeln lassen, und eine Dame der Seminarleitung führte mich mittels einer Geistreise durch meinen Körper. Den Defekt konnte ich mit eigenen (geistigen) Augen sehen und beheben. Schon am nächsten Tag krachte es bei einer zackigen Bewegung im Kreuz, und ich dachte: Jetzt kannst du heimfahren. Erst als der Schmerz sich verflüchtigte und nicht mehr wiederkam, war ich mir sicher, dass ich den Defekt an der Lendenwirbelsäule repariert hatte. Mit dieser Praxis, die ich ohne weitere Anleitung sofort bei mir und anderen durchführen konnte, begann meine heilerische Tätigkeit, wenn auch nur im Bekanntenkreis.

Später kamen Holz und Dachpfannen in Form von Ausbildungen in Geistheilung hinzu. Ich lernte zum ersten Mal meine Chakren und Meridiane kennen und erfuhr, wie ich diese behandeln konnte, um zu heilen. Das war schön und gut, und das Haus befand sich nun im fertig gestellten Rohbau. Aber irgendwie kam mir das alles noch verbesserungswürdig vor. Zu viel war vorgegeben, dies musste so und das so gemacht werden, »und alles andere vergisst du gleich mal wieder, weil wir hier nur UNSERE Methode anwenden«, hieß es lapidar aus Seminarleiterkehlen. Erinnerte mich irgendwie an Religion und die Aussage: »Ich habe den einzig richtigen

Glauben an den einzig wahren Gott.« Das stieß mir sauer auf. So ganz zufrieden war ich damit also nicht, und mein höheres Selbst suchte nach weiteren Kenntnissen. Ich las Bücher von und über Schamanen und belegte auch hier, weil es mir superinteressant erschien, weitere Kurse. Die Behandlungsmethoden waren anders, die Meinungen gleich, dass nämlich andere auf diesem Sektor viel Mist erzählen würden. So war ich wieder enttäuscht, weil die Methode mir wenig Freiraum ließ. Aber ist es nicht so, dass wir von Deutschland aus in alle Welt telefonieren können? Natürlich ist es so, und es funktioniert. Niemand will allen Ernstes behaupten, dass weltweit nur eine einzige Technik verwendet wird, entwickelt und gelehrt zum Beispiel in Deutschland. Obwohl es eine solche Vielzahl von verschiedenen Ländern mit unterschiedlichen Kulturen gibt, funktioniert also ein weltweites Telefonnetz in verschiedenen technischen Ausführungen. Die Technik an sich bleibt die gleiche.

Wenn schon das Telefonieren weltweit klappt, wie gut muss dann erst das Heilen funktionieren? Es gibt nur eine einzige geistige Welt, mit der wir zusammenarbeiten, und wir müssen uns nicht an eine andere Ausführung einer Technik adaptieren, damit es wie beim Telefonieren zum Erfolg reicht. Uns allen, die heilen, ist eines gleich: Die Intuition, es zu tun und anderen damit zu helfen. Den Rest erledigt die geistige Welt. Weshalb sonst funktioniert bei der einen die Technik der Geistreise zusammen mit der Organsprachetherapie, und ein anderer arbeitet lieber mit dem Aufladen von Chakren und Meridianen, während jemand Drittes auf das Zurückholen von Seelenteilen schwört? Die Intuition, jemandem zu helfen, ist alles, was wir benötigen. Die Technik selbst ist vollkommen irrelevant. Sie ist weiter nichts als ein Vehikel, und wenn ich mich damit auf den Weg mache, komme ich auch damit zum Ziel.

Meine Methode will ich da nicht ausschließen. Auch sie ist nur ein solches Fahrzeug und wirkt nicht besser als andere. Was sie hervorhebt ist, dass sie flexibler ist, alles zulässt, keine Beschränkungen auferlegt und zum Ausprobieren ermuntert. Nicht umsonst wird in diesem Buch nur die

Grundsubstanz erläutert, denn hat man diese mal intus, stehen der Kreativität Tür und Tor offen. Getreu dem Werbespruch eines japanischen Autoherstellers möchte ich aussprechen: »Nichts ist unmöglich!«

Wenn Sie mit der – hier sehr abgespeckt erklärten – Methode anfangen zu arbeiten, werden Sie schnell merken: »Oh, wäre klasse, wenn ich jetzt erfahren könnte, ob der Ursprung dieses Problems vielleicht in einem vergangenen Leben zu suchen ist.« Denken Sie mal darüber nach. Wie könnten Sie eine Frage auf die Antwort erhalten? Richtig! Indem Sie die geistige Welt ansprechen. Selbst wenn Sie (noch) keine verbalen Antworten bekommen, dann mag aber ein Pendel auf »Ja« und »Nein« reagieren. Fragen Sie also die geistige Welt: »Liegt der Ursprung dieses Themas in einem vergangenen Leben?«

»Ja!«

Prima. Und jetzt? Wie behandeln Sie es nun? Vielleicht mit einem Extrastein, den Sie zu den sieben Chakrasteinen legen? »Liebe geistige Welt, ist es möglich, das Problem aus einem vergangenen Leben an einem zusätzlichen Stein zu behandeln?«

Sie werden wieder ein »Ja« erhalten. Da gehe ich jede Wette ein. So einfach ist das. Legen Sie also einen weiteren Stein auf, prüfen Sie ihn, und dann behandeln Sie ihn wie ein Chakra. Zweifel sind hier völlig fehl am Platz. Wenn Sie das beherzigen, werden Sie schnell feststellen, dass wirklich alles funktioniert.

Als angehender Schamane entwickeln Sie vielleicht Ihre eigene Methode, die mit meiner irgendwann nicht mehr viel gemeinsam hat. Oder finden Sie meine so toll, dass Sie mehr darüber wissen möchten? Interessiert es Sie, wie Sie Ihre Hände zu Heilzwecken ein- und später wieder ausschalten können? Möchten Sie wissen, was noch so alles behandelt werden kann, ohne dass Sie selbst experimentieren müssen? Glauben Sie, dass das Zurückholen verlorener Seelenteile einer Ausbildung bedarf? Dann stehen Ihnen meine Kurse zur Verfügung, die Sie zum Meister machen. Das Experimentieren hört damit allerdings nicht auf. Wäre auch schade, denn es macht ja einen Riesenspaß, immer Neues zu finden und so seine eigene, auf sich zugeschnittene Methode zu kreieren. Womit könnten Sie besser arbeiten, als mit einem selbst entworfenen Werkzeug für eine ganz bestimmte Sache?

Kapitel XII

Eine Gemeinschaft für eine gesündere Welt und Erde

Der astralreisende Amerikaner William Buhlman beschrieb 1996 seine Erfahrungen in einem Buch mit dem Titel »Adventures beyond the body« (deutsche Ausgabe: Out of Body: Astralreisen – das letzte Abenteuer der Menschheit). Interessante Erkenntnisse gehen aus diesen Reisen hervor, und seinen Aussagen zufolge gibt es unzählige parallel existierende Universen. Um sie zu besuchen ist es notwendig, durch einfache Gedankenkraft immer feinere und damit schneller schwingende Energieumwelten aufzusuchen. Auch unsere physische Umgebung ist eine solche Energieumwelt. Die am langsamsten schwingende eben.

Übereinstimmenden Aussagen vieler Astralreisender zufolge, können höher schwingende Umwelten wie unsere idyllische Mutter Erde aussehen. Die Berichte erzählen von ausgedehnten Parks, künstlichen Gärten und friedlichen grünen Wiesen. Da kultivierte Landschaften nicht einfach so aus dem Nichts entstehen – auch nicht im »Jenseits«, geht Buhlman davon aus, dass diese Umwelten von anderen nichtphysischen Lebensformen geschaffen wurden. Wie lange so ein Park Bestand haben kann, möchten wir an dieser Stelle erst gar nicht erfragen, haben wir doch gesehen, dass es ohne Materie keine Zeit gibt. Es dürfte nämlich klar sein, dass sich hier kein physischer Baum aus Holz in die Luft streckt und das Gras eben auch ohne materielle Substanz ist. Daher lässt sich zellularer und molekularer Zerfall von vorneherein ausschließen. Was die Landschaften am Leben erhält, formt und verändert, sind ausschließlich die Gedanken irgendwelcher Existenzen, die sich an ihrer Erschaffung erfreuen.

Dem gegenüber stehen ungeformte Energieumwelten. Hieran hat sich noch kein Gestalter geübt, und sie lassen jede Struktur vermissen. Wie ein unbehauener Klotz liegen sie in den Weiten der Energiewelten und warten darauf, irgendwann einmal »behandelt« zu werden. Dabei hinkt der Vergleich gewaltig, denn ein Klotz lässt sich ja behauen, eine Energieumwelt nicht, zumindest nicht im materiellen Sinn. So stellt sich die Energieumwelt dem Reisenden zum Beispiel als undefinierbare graue Suppe dar, die sich mittels Gedankenkraft sofort formen lässt. Die Sprache ist aber oft auch von dunstiger Leere, offenem Raum und silbernen oder goldenen Energiewolken. Wie auch immer solche unstrukturierten Umgebungen geartet sein mögen, eins ist sicher: Sie reagieren äußerst empfindlich auf das Denken. So kann behauptet werden, dass jeder gezielte Gedanke sofort die unmittelbare Energiewelt prägt.

Gehen wir noch einmal kurz auf das eingangs beschriebene Konzept unserer Existenz ein, in dem ich erklärt habe, dass Seele, Geist und Körper eine Einheit bilden. Da wir nicht die einzigen sind im Universum und geistige Gesetze auf alles Anwendung finden, muss sich dieses Konstrukt auch auf alles andere anwenden lassen, das sich körperlich ausdehnt. Ich denke dabei an unsere Mutter Erde, die ebenfalls eine solche Existenz ist und aus Seele, Geist und Körper besteht.

Wir wissen ferner, dass der Geist den Körper formt. Der Geist des materiellen Universums wird von Buhlman als die unmittelbaren Universen beschrieben, die wir durch unsere Gedankenkraft formen. Dabei ist es unerheblich, ob wir uns dessen bewusst sind und ob wir daran glauben – oder nicht. Die geistigen Gesetze gelten eben für alle. Ausgehend von dieser Tatsache sollten wir uns unbedingt bewusst sein, was wir denken, denn dass unsere Gedanken sofort und immerwährend den Geist des Universums beeinflussen, ist unumstößlich. William Buhlman bekräftigt das in dem Satz (S. 127): »Alle Gedanken sind kreativ; sowohl positive als auch negative Gedanken und Taten führen unweigerlich zu einer entsprechenden Umstrukturierung der unmittelbaren nichtphysischen Umwelt.« Da diese Tatsache aus vielen Lagern so oder so ähnlich beschrieben wird, sollten wir ihm ruhig glauben und die Kenntnisse auf unser Leben übertragen. Nicht von ungefähr predigen die Religionen Liebe, denn Negativität und zerstörerische Vorstellungen wie Hass und Rache haben eine vernichtende Wirkung auf den Eigner dieser »Bumerangenergien«. Das Gegenteil davon wird mit Liebe und dem Urvertrauen in die geistige Welt geübt. Fühlen wir uns im Vertrauen auf die Spiritualität wie in Watte gebettet, wo uns NICHTS passieren kann, dann spüren wir sofort eine wohltuende Befreiung. Der Gedanke: »Wird schon gut gehen, denn ich habe ja das Urvertrauen«, untermauert dieses Gefühl ungemein.

Warum erzähle ich Ihnen das alles? Immerhin geht es hier um schamanisches Heilen und nicht um ein Credo für positives Denken!

Unsere Mutter Erde leidet an vielen Geschwüren, die wir »zivilisierten« Menschen ihr zugefügt haben. Selbst die Erkenntnis, dass es ihr schlecht geht, interessiert bestimmte Gruppen der Menschheit nicht im Geringsten, denn zuerst geht es mal ums Geld und um Profit. Es ist aber nicht das Handeln, das die Erde umbringt, sondern das Denken. Jeder Handlung geht eine Absicht voraus, und hätten wir diese nicht, könnten wir nicht handeln. Die Frage ist also, ob Mutter Erde nicht durch gebündelte Gedankenkraft geholfen werden kann.

Leser, die mit diesem Buch in eine neue »Materie« einsteigen, mögen diese Frage absurd finden. Ein Gedanke lässt doch noch keinen Baum im Garten wachsen und ebnet erst recht nicht den Weg durch den Park. An Zaun und Tor mag aus dieser Sicht schon gar nicht zu denken sein. Dem möchte ich nichts entgegensetzten, denn dieses Buch ist ein Buch der

Selbsterfahrungen. Ich gebe nur Denkanstöße – und gehe nun mal einen Schritt weiter.

Sie erinnern sich an den Versuch, eigenes Heilwasser mit den Händen herzustellen? Dieses Beispiel zeigt nicht nur, wie gern die geistige Welt mit uns zusammenarbeitet und wie kraftvoll ihre Hilfe ist. Es zeigt auch, wie mühelos Wasser strukturiert werden kann. Denken Sie nur daran, dass sich die gespeicherte Information binnen zehn Minuten von einem Glas ins andere übertrug, und das nur, weil sie nebeneinanderstanden. Beeindruckend, nicht wahr?

Noch größere Bauklötze können gestaunt werden, wenn die Erkenntnisse des Japaners Masuro Emoto betrachtet werden. Emoto ist nämlich der Meinung, dass »... die materielle Kultur des Menschen ihre Grenzen erreicht hat.« In zwölfjähriger Forschungsarbeit hat er sich dem Wasser gewidmet. Der menschliche Körper besteht aus ca. 70 Prozent Wasser, das Gehirn sogar aus 85 Prozent. Ebenso ist es mit unserer Mutter Erde. Ihre Gesamtoberfläche ist durch 70 Prozent Wasser geprägt. Noch mehr befindet sich in der Atmosphäre, in unterirdischen Reservoirs und im Erdreich. Eine beeindruckende Ähnlichkeit, meinen Sie nicht auch?

Emoto ist es gelungen nachzuweisen, dass Wasser Informationen speichert, nicht nur Musik und Worte, sondern auch Gefühle und Bewusstsein. Als er 1994 zu experimentieren begann, fror er Wasserproben ein, die er aus verschiedenen Quellen schöpfte. Er beschaffte sich die notwendigen Geräte und machte sich daran, die Kristalle der eingefrorenen Proben zu fotografieren. Bis ihm endlich das erste Bild eines Wasserkristalls gelang, hatte er in zwei Monaten Hunderte von Filmrollen verbraucht. Aber seine Ausdauer hat sich gelohnt, sonst wüssten wir jetzt nicht, dass liebende Worte, aufs Behältnis geschrieben, oder schöne Musik ästhetische Kristalle produzieren, während das Gegenteil auch zu gegenteiligen Kristallen führt. Allein das Wort »Danke« auf dem Wasserglas führt zu wunderschönen Kristallen.

Die Ergebnisse seiner Forschung bestärkten Emoto in der Gewissheit, dass nicht nur das Wasser sich verändert, sondern auch alle Lebewesen, die Wasser in sich haben. Manchen Theorien zufolge lassen sich im Pflanzenwachstum große Unterschiede feststellen, wenn sie netten oder bösen Worten ausgesetzt sind, und Menschen werden fröhlich und ermutigt, wenn sie entsprechende Musik hören. Laut Emoto verändert sich vermutlich das Wasser in ihren Körpern. Er geht von der Erkenntnis aus, dass die Informationen im Spannungsfeld zwischen dem Atomkern und seinen ihn umkreisenden Elektronen und den sich zusammenschließenden Clusters gespeichert werden. Immerhin tummeln sich die Neutrinos auf der gleichen Bewusstseinsstufe wie die der Menschen. Es liegt an uns und unserem Bewusstsein, diese tiefste Ebene der Dinge mit unserem Bewusstsein zu pflegen. Die Berliner Zeitschrift »Sein« versorgte Emoto mit weisen Worten. Er sagte: »Wollen wir die Natur nicht vollends zerstören, müssen wir uns Klarheit über die unsichtbare, geistige Welt verschaffen. Die Botschaft des Wassers zeigt uns eindeutig und auf einfach zu verstehende Weise, dass die Grundlage der Natur Liebe und Dankbarkeit ist. Da wir Menschen zum größten Teil aus Wasser bestehen, liegt die Schlussfolgerung nahe: Wir müssen unglaublich darauf achten, wie wir mit uns, unseren Mitmenschen und der Natur umgehen.«

Aus Emotos Erkenntnissen lässt sich ableiten, dass das alte Wissen der Naturvölker von unschätzbarem Wert ist. Sie wussten, was uns Profitjägern längst nicht mehr einleuchtet: Es ist nicht egal, was wir Menschen denken. Nicht für uns selbst, zum Beispiel für unsere Gesundheit, und nicht für unsere Umwelt. Alle Existenz ist von unserem Denken betroffen, denn wir sind Teil von allem.

Wenn Pflanzen und Menschen durch Worte, Musik und Gefühle beeinflusst werden können, warum dann nicht unsere geliebte Mutter Erde? Immerhin besteht sie wie wir aus 70 Prozent Wasser, das einem ständigen Kreislauf unterworfen ist. Auch dafür brachte Emoto einen Beweis, indem er aus dem Fujiwara-Stausee in Japan Wasserproben entnahm. Dass hier nur von einer umgekippten Brühe die Rede sein kann, zeigten die Aufnahmen, deren Strukturen völlig ungeordnet, dunkel und ohne jede kristalline Formation waren. Daraufhin bat Emoto einen Priester des Jyuhoun-Tempels und 100 Gläubige, eine Stunde am Stausee zu meditieren und zu beten. Als Emoto danach wieder Proben einfror und fotografierte, war aus der ehemals formlosen Masse eine klare, hellweiße, sechseckige Struktur geworden, die nach quirligem Leben aussah.

Angenommen, wir alle würden uns regelmäßig zu bestimmten Zeiten treffen, um nur eine viertel Stunde pro Woche für unsere Mutter Erde zu meditieren – wem würden wir damit helfen? Dem Wasser? Der Luft? Ein paar Bäumen? Den bedrohten Walen und Delfinen? Oder sogar dem gesamten Planeten?

Überlegen Sie: Wenn wir gemeinsam und zur gleichen Zeit für die Erde meditieren, dann helfen wir »Allem-was-ist«, oder etwa nicht?

Weiter angenommen, wir alle würden es regelmäßig zu festgesetzten Zeiten tun, aber jeder bliebe zuhause in einem entsprechenden Zimmer oder gar in der Natur. Wem würden wir dann helfen?

Erinnern Sie sich bitte, was ich in Kapitel 10 über den Raum referiert habe. Die geistige Welt kennt keinen Raum! Deshalb ist es ohne Bedeutung, wo wir uns befinden, wenn wir einmal pro Woche zur festgesetzten Zeit für die Erde meditieren. Alle Energie, die wir gemeinsam dabei aussenden, ist eins und wird helfen.

Wenn es keinen Raum gibt, dann gibt es auch keine Zeit. Auch das ist dem Referat über die Raumzeit in Kapitel 10 zu entnehmen. »Muss es dann trotzdem immer die gleiche Zeit sein, zu der wir uns in Meditation für die Mutter Erde begeben?«, werden Sie fragen.

Und ich antworte: Ja, es muss sein.

Gemeinschaft macht stark. Wir, die bipolaren, zurzeit auf der Erde inkarnierten Wesen sind umso stärker, je mehr Mitglieder unsere Gruppe zählt. Stellen Sie sich vor, sie setzen sich hin, um für unsere Mutter Erde zu meditieren. Sie wissen nicht, ob just in diesem Moment irgendwo auf der Welt noch jemand wie Sie dasitzt und das Gleiche tut. Wie fühlen Sie sich dabei? Einsam und verlassen? Nicht stark genug, um die ganze Erde zu heilen?

Und nun bauen Sie sich doch mal die Gewissheit auf, dass Tausende Leser zur gleichen Zeit mit Ihnen das Gleiche tun. Wie fühlen Sie sich jetzt? Besser, stärker, erhebender, richtig?

Der Heilenergie ist es egal, wann sie ausgesendet wird, denn in der Tat, »Alles-was-ist« kennt keine Zeit und würde sie sammeln, um Mutter Erde zu helfen. Aber *WIR* senden wesentlich *stärkere* Energien aus, wenn wir es in der Gruppe tun und können damit wesentlich besser helfen, als wenn wir es allein täten. Deshalb möchte ich an dieser Stelle einen Vorschlag unterbreiten.

Wir können eine starke Gemeinschaft sein. Wir wissen bereits, dass Chakren Blockaden beinhalten, die zu Problemen führen. Wir wissen auch alle, wie wir diese entfernen können. Es liegt an unserer Intention. Diese Intention kann Wasser verändern, und verändertes Wasser heilt den Körper, in dem es sich befindet.

Auch unsere Mutter Erde hat Chakren und Meridiane, und sie besteht wie wir aus Wasser. Wenn wir die Chakren und Meridiane zusammen mit der geistigen Welt behandeln, können wir helfen. Sicher werden wir am nächsten Tag nichts von unserer Sitzung in der Zeitung lesen, aber allein unsere gemeinsame Intention und die ausgeschickte Heilenergie werden ihre Wirkung haben. Besuchen Sie meine Website www.pantarhei-institut.eu, und lesen Sie nach, wann wir gemeinsam welche Blockade beheben – und machen Sie mit.

Für ein gesünderes »Alles-was-ist«.
Für eine gesündere Mutter Erde.
Für jeden Einzelnen von uns, damit wir uns wohler fühlen.

Ich freue mich auf eine rege Beteiligung.

Herzlichst,

Ihr Dietmar Schenk

Über den Autor

Dietmar Schenk, Jahrgang 1955, veröffentlichte bereits als Video-Ingenieur fünf Bücher, wovon drei dem technischen Sachbuchbereich zuzuordnen sind. Ein viertes Buch, das »Fröhliche Wörterbuch KAMPFSPORT« (TOMUS Verlag), hielt sich mit sieben Auflagen 17 Jahre lang auf dem Markt und lief erst in 2008 aus.

Die 1996 erlernte und in den folgenden Jahren ständig verfeinerte Technik der Geistreise ebnete seinen Weg in die Spiritualität, doch erst ab 2007 beschritt er diesen konsequent mit mehreren fundierten Ausbildungen in Geistheilung, schamanischer Heilung und anderen geistigen Praktiken. Alle erworbenen Kenntnisse fügten sich 2008 zu einer erfolgreichen Methode zusammen, die er in seinem ersten esoterischen Buch »Willkommen im Licht« schildert und zum Ausprobieren beschreibt. Mit diesem Buch kombiniert er zum ersten Mal seine zwei wichtigsten Lebensziele: das Heilen und das Schreiben.

Handbuch 184 Seiten
mit 38 farb. Karten
€ [D] 22,90
ISBN 978-3-89845-030-0

Magda Wimmer

Das Herzenswissen der Maya-Tagehüter

Die universelle Weltordnung und das Webmuster der Zeit

Träumen Sie nicht auch davon, das Mysterium längst vergangener Kulturen zu lüften?

Dieses Set hilft Ihnen spielerisch, den kosmischen Weisheiten und Prophezeiungen der Maya auf die Spur und ihnen somit etwas näher zu kommen. Maya bedeutet dabei, »Wissen um den Ursprung der Welt« zu haben, und das Tagehüten ist das Hüten der Sonne und des Wissens um die Quelle, aus der wir alle kommen. Wagen Sie den Sprung auf ein neues Terrain des spirituellen Lernens! Lernen Sie, wieder Ihrer inneren Stimme zu vertrauen, und bekommen Sie dadurch die Sicherheit, die nächsten Schritte zu gehen.

136 Seiten, broschiert
€ [D] 12,90
ISBN 978-3-931652-05-0

Otto Höpfner

Einhandrute und Pyramidenenergie

Hilfsmittel für die Gesundheit

Der Autor berichtet von neuen Erkenntnissen über natürliche Mittel zur Entstörung von krankmachenden Strahlen, Energie und gesundes Wasser aus der Wasserleitung, den neuen Organverstärker, Radionik u.a. Anhand von praktischen Beispielen wird gezeigt, wie der Laie mit Hilfe der Einhandrute die Verträglichkeit von Nahrungsmitteln, Medikamenten sowie von Schlafplätzen prüfen kann. Mit speziellen Meßkreisen können die Radioaktivität, Giftstrahlung oder krankmachende Störzonen gemessen und durch die Pyramidenenergie abgemindert bzw. verbessert werden.

368 Seiten, broschiert,
€ [D] 19,90
ISBN 978-3-89845-091-1

Ann Moura (Aoumiel)

Naturmagie – Die Grüne Hexenkunst

In »Naturmagie – Die Grüne Hexenkunst« werden die Grundlagen der Wicca-Religion erforscht, die ein magisches Training für den unabhängig denkenden Menschen darstellen. Das Buch ist für das Selbststudium verfasst und bietet nicht nur einen hervorragenden Überblick über die Praktiken des Wicca-Kults, sondern führt auch schrittweise in eine große Palette von magischen Techniken sowie in die Grundregeln im Umgang mit der Magie ein. Grüne Rituale für die Selbstinitiation, Übergangsriten, Jahreszeitenfeste und Aktivitäten für die Festtage bieten ein perfektes Fundament zum Aufbau deiner eigenen magischen Tradition. Erlerne die Grundlagen der Hexenkunst unter der Anleitung einer Naturhexe der dritten Generation!

256 Seiten, broschiert
€ [D] 15,90
ISBN 978-3-931652-30-2

Ted Andrews

Zauber des Feenreichs

Begegnung mit Naturgeistern

Mit ein wenig Geduld und Ausdauer lernen Sie die Gegenwart von Feen, Elfen, Devas und anderen Naturgeistern zu spüren und wahrzunehmen. Öffnen Sie Ihr Herz und Ihre Sinne diesen nicht auf den ersten Blick sichtbaren Bereichen des Lebens und seinen Quellen und wecken Sie die Ihnen angeborenen Fähigkeiten, das Leben in seiner ganzen Fülle zu leben.
Ein Handbuch mit praktischen Anleitungen, Meditationen und Übungen in der Natur für die Arbeit mit dem Unsichtbaren.
Ein Werk voller Zauber über eine faszinierende Welt, die greifbar vor uns liegt, und die es nur zu entdecken gilt!

78 farbige Karten
mit Handb., 336 Seiten
geb. im umweltf. Schuber
€ [D] 29,90
ISBN 978-3-931652-16-6

Isha und Mark Lerner

Tarot für das innere Kind

Eine Reise in die Welt der Märchen, illustriert von C. Guilfoil

Das »Tarot für das innere Kind« ist ein Wahrsagesystem, das das Kind in uns wiedererweckt, indem es uns auf sanfte Weise hilft, mit den äußerst kraftvollen Archetypen der inneren Welt in einen Dialog zu treten.
Mit den Motiven so bekannter Märchen wie Dornröschen, Alice im Wunderland und Peter Pan öffnen diese wunderschönen Karten Herz und Verstand und lassen uns Neues über unser Selbst entdecken. In Anlehnung an das traditionelle Tarot-Deck eignet sich das »Tarot für das innere Kind« ausgezeichnet für die Traumarbeit, Heilungsprozesse und für die Beschäftigung mit Kindern.

232 Seiten, broschiert
€ [D] 14,90
ISBN 978-3-89845-154-3

Vadim Zeland

Transsurfing

Realität ist steuerbar

Dieses Buch löste in Russland eine wahre Revolution aus. Die Realität ist steuerbar! Wir alle glauben, wir seien abhängig von den äußeren Umständen – dabei ist es genau umgekehrt! Ihre innere Wirklichkeit kreiert die äußere Realität. So erfüllen sich Wünsche, Träume verwirklichen sich …
Transsurfing ist eine mächtige Technologie zur Realitätssteuerung. Alle, die sich mit Transsurfing beschäftigen, erleben eine Überraschung, die an Begeisterung grenzt. Die Umgebung eines Transsurfers verändert sich beinahe augenblicklich auf eine unbegreifbare Weise. Das hat nichts mit Mystik zu tun. Das ist real.

272 Seiten, broschiert
€ [D] 14,90
ISBN 978-3-89845-108-6

Gabriela Hilf
Reiki für alle Fälle

Gabriela Hilf kombiniert in ihrem zweiten Buch die Heilkraft zweier äußerst wirkungsvoller Energien: Reiki und Heilsteine. Doch anders als bei den meisten Büchern über dieses Thema wird Reiki hier »entmystifiziert« – und damit im Alltag anwendbar. Mit viel Humor und Spannung schildert die Autorin anhand verschiedener amüsanter Episoden, wie sie die Kräfte der Steine und Reiki für sich entdeckte und diese ihr im alltäglichen Leben halfen. Mit vielen praktischen Tipps.

238 Seiten, broschiert
€ [D] 13,90
ISBN 978-3-89845-194-9

Anne Meurois-Givaudan & Dr. med. Antoine Achram
Auralesen und alte Therapien der Essener
Von der Autorin des Bestsellers »Essener Erinnerungen«

Wenige Bücher über das Thema Heilen gehen so weit wie dieses im Bezug auf das Verständnis von Krankheiten, denn hier werden diese als eine Reaktion auf feinstofflicher Ebene interpretiert und auch auf dieser behandelt - ein bemerkenswerter Ansatz zum Verständnis der energetischen Medizin. Eine interessante Einführung in eine vergessene Heiltechnik, die von der Autorin seit vielen Jahren mit großem Erfolg angewandt wird.

136 Seiten, broschiert mit
Abbildungen
€ [D] 9,90
ISBN 978-3-89845-245-8

Gudrun Weerasinghe
Tierkommunikation – so einfach
Anleitungsbuch zum Erlernen der mentalen Kommunikation mit Tieren

Verstehen wir unsere tierischen Mitbewohner wirklich? Die bekannte Tierkommunikatorin zeigt anhand diverser interessanter Beispiele auf, wie Sie mit Ihren Tieren eine Verständigungsebene aufbauen.

Doch nicht nur die Bedürfnisse der Menschen, sondern auch die der Tiere finden Beachtung, und so manch ein Leser wird erstaunt sein, wie bescheiden deren Wünsche sind im Vergleich zu der Weisheit und Güte, mit der sie den Menschen begegnen. Schrittweise erläutert die Autorin die »Sprache« der Tiere – eine einfache Kombination aus Visualisation, Konzentration und Gefühl, die ausnahmslos jeder erlernen kann, der bereit ist, Tieren auf Augenhöhe zu begegnen ...

Weiterführende Informationen zu
Büchern, Autoren und den Aktivitäten
des Silberschnur Verlages erhalten Sie unter:
www.silberschnur.de oder durch
die Zusendung der beiliegenden *Postkarte*.

Ihr Interesse wird belohnt!